읽고 쓰고 마음에 새기는 필사 노트

잠언

지혜에서 인생을 배운다

잠언

PROVERBS

새번역 · 영문 NLT 성경

북스원
BOOKSONE

지혜에서 인생을 배웁니다.

지혜의 말을 마음에 새기면 바르게 살 수 있습니다.

잠언의 저자는 솔로몬을 비롯한 지혜자들입니다.

잠언에는 '지혜'라는 단어가 41번이나 나옵니다.

여기서 지혜란 '여호와를 경외하는 것'입니다.

〈읽고 쓰고 마음에 새기는 필사 노트〉를 통해

하나님을 만나길 소망합니다.

'나의 레마 노트'에는 필사를 통해 감동 받거나

적고 싶은 묵상을 적어 보세요.

지혜를 얻는 것이 은을 얻는 것보다 낫고,

황금을 얻는 것보다 더 유익하다.

잠
언

PROVERBS

〈잠언의 목적과 주제〉

1 이것은 다윗의 아들 이스라엘 왕 솔로몬의 잠언이다.

2 이 잠언은 지혜와 훈계를 알게 하며, 명철의 말씀을 깨닫게 하며,

3 정의와 공평과 정직을 지혜롭게 실행하도록 훈계를 받게 하며,

4 어수룩한 사람을 슬기롭게 하여 주며, 젊은이들에게 지식과 분별력을 갖게 하여 주는 것이니,

5 지혜 있는 사람은 이 가르침을 듣고 학식을 더할 것이요, 명철한 사람은 지혜를 더 얻게 될 것이다.

6 잠언과 비유와 지혜 있는 사람의 말과 그 심오한 뜻을 깨달아 알 수 있을 것이다.

7 주님을 경외하는 것이 지식의 근본이어늘, 어리석은 사람은 지혜와 훈계를 멸시한다.

〈젊은이에게 주는 충고〉

8 아이들아, 아버지의 훈계를 잘 듣고, 어머니의 가르침을 저버리지 말아라.

9 진정 이것은 머리에 쓸 아름다운 관이요, 너의 목에 걸 목걸이이다.

1 These are the proverbs of Solomon, David's son, king of Israel.

2 Their purpose is to teach people wisdom and discipline, to help them understand the insights of the wise.

3 Their purpose is to teach people to live disciplined and successful lives, to help them do what is right, just, and fair.

4 These proverbs will give insight to the simple, knowledge and discernment to the young.

5 Let the wise listen to these proverbs and become even wiser. Let those with understanding receive guidance

6 by exploring the meaning in these proverbs and parables, the words of the wise and their riddles.

7 Fear of the Lord is the foundation of true knowledge, but fools despise wisdom and discipline.

8 My child, listen when your father corrects you. Don't neglect your mother's instruction.

9 What you learn from them will crown you with grace and be a chain of honor around your neck.

•나의 레마 노트•

1

10 아이들아, 악인들이 너를 꾀더라도, 따라가지 말아라.

11 그들이 너에게 이렇게 말할 것이다. "함께 가서 숨어 기다렸다가, 이유를 묻지 말고, 죄 없는 사람을 죽이자.

12 스올처럼 그들을 산 채로 삼키고, 무덤이 사람을 통째로 삼키듯이, 그들을 통째로 삼 키자.

13 우리는 온갖 값진 것을 얻게 될 것이며, 빼앗은 것으로 우리의 집을 가득 채우게 될 것 이다.

14 너도 우리와 함께 제비를 뽑고, 우리 사이에 돈주머니는 하나만 두자."

15 아이들아, 그들이 이렇게 말하더라도, 너는 그들과 함께 다니지 말고, 네 발을 그들이 가는 길에 들여놓지 말아라.

16 그들의 발은 악으로 치달으며, 피 흘리는 일을 서두르기 때문이다.

17 무릇, 새가 보는 앞에서 그물을 치는 것은 헛수고이겠거늘,

18 그들이 가만히 엎드려서 지키고 있으니 제 피나 흘릴 뿐이요, 숨어서 기다리고 있으니 제 목숨이나 잃을 뿐이다.

10 My child, if sinners entice you, turn your back on them!

11 They may say, "Come and join us. Let's hide and kill someone! Just for fun, let's ambush the innocent!

12 Let's swallow them alive, like the grave; let's swallow them whole, like those who go down to the pit of death.

13 Think of the great things we'll get! We'll fill our houses with all the stuff we take.

14 Come, throw in your lot with us; we'll all share the loot."

15 My child, don't go along with them! Stay far away from their paths.

16 They rush to commit evil deeds. They hurry to commit murder.

17 If a bird sees a trap being set, it knows to stay away.

18 But these people set an ambush for themselves; they are trying to get themselves killed.

•나의 레마 노트•

19 무릇 부당한 이득을 탐하는 자의 길은 다 이러하니, 재물이 목숨을 빼앗는다.

〈지혜가 부른다〉

20 지혜가 길거리에서 부르며, 광장에서 그 소리를 높이며,

21 시끄러운 길 머리에서 외치며, 성문 어귀와 성 안에서 말을 전한다.

22 "어수룩한 사람들아, 언제까지 어수룩한 것을 좋아하려느냐? 비웃는 사람들아, 언제까지 비웃기를 즐기려느냐? 미련한 사람들아, 언제까지 지식을 미워하려느냐?

23 너희는 내 책망을 듣고 돌아서거라. 보아라, 내가 내 영을 너희에게 보여 주고, 내 말을 깨닫게 해주겠다.

24 그러나 너희는, 내가 불러도 들으려고 하지 않고, 내가 손을 내밀어도 거들떠보려고도 하지 않았다.

25 도리어 너희가 내 모든 충고를 무시하며 내 책망을 받아들이지 않았으니,

19 Such is the fate of all who are greedy for money; it robs them of life.

20 Wisdom shouts in the streets. She cries out in the public square.

21 She calls to the crowds along the main street, to those gathered in front of the city gate:

22 "How long, you simpletons, will you insist on being simpleminded? How long will you mockers relish your mocking? How long will you fools hate knowledge?

23 Come and listen to my counsel. I'll share my heart with you and make you wise.

24 "I called you so often, but you wouldn't come. I reached out to you, but you paid no attention.

25 You ignored my advice and rejected the correction I offered.

•나의 레마 노트•

26 너희가 재앙을 만날 때에, 내가 비웃을 것이며, 너희에게 두려운 일이 닥칠 때에, 내가 조롱하겠다.

27 공포가 광풍처럼 너희를 덮치며, 재앙이 폭풍처럼 너희에게 밀려오며, 고난과 고통이 너희에게 밀어닥칠 때에,

28 그 때에야 나를 애타게 부르겠지만, 나는 대답하지 않겠고, 나를 애써 찾을 것이지만, 나를 만나지 못할 것이다.

29 이것은 너희가 깨닫기를 싫어하며, 주님 경외하기를 즐거워하지 않으며,

30 내 충고를 받아들이지 않으며, 내 모든 책망을 업신여긴 탓이다.

31 그러므로 그런 사람은 제가 한 일의 열매를 먹으며, 제 꾀에 배부를 것이다.

32 어수룩한 사람은 내게 등을 돌리고 살다가 자기를 죽이며, 미련한 사람은 안일하게 살다가 자기를 멸망시키지만,

33 오직 내 말을 듣는 사람은 안심하며 살겠고, 재앙을 두려워하지 않고 평안히 살 것이다."

26 So I will laugh when you are in trouble! I will mock you when disaster overtakes you -

27 when calamity overtakes you like a storm, when disaster engulfs you like a cyclone, and anguish and distress overwhelm you.

28 "When they cry for help, I will not answer. Though they anxiously search for me, they will not find me.

29 For they hated knowledge and chose not to fear the Lord.

30 They rejected my advice and paid no attention when I corrected them.

31 Therefore, they must eat the bitter fruit of living their own way, choking on their own schemes.

32 For simpletons turn away from me - to death. Fools are destroyed by their own complacency.

33 But all who listen to me will live in peace, untroubled by fear of harm."

• 나의 레마 노트 •

2

〈지혜가 주는 유익〉

1 아이들아, 내 말을 받아들이고, 내 명령을 마음 속 깊이 간직하여라.

2 지혜에 네 귀를 기울이고, 명철에 네 마음을 두어라.

3 슬기를 외쳐 부르고, 명철을 얻으려고 소리를 높여라.

4 은을 구하듯 그것을 구하고, 보화를 찾듯 그것을 찾아라.

5 그렇게 하면, 너는 주님을 경외하는 길을 깨달을 것이며, 하나님을 아는 지식을 터득할 것이다.

6 주님께서 지혜를 주시고, 주님께서 친히 지식과 명철을 주시기 때문이다.

7 정직한 사람에게는 분별하는 지혜를 마련하여 주시고, 흠 없이 사는 사람에게는 방패가 되어 주신다.

8 공평하게 사는 사람의 길을 보살펴 주시고, 주님께 충성하는 사람의 길을 지켜 주신다.

9 그 때에야 너는 정의와 공평과 정직, 이 모든 복된 길을 깨달을 것이다.

10 지혜가 네 마음 속에 들어가고, 지식이 네 영혼을 즐겁게 할 것이다.

11 분별력이 너를 지켜 주고, 명철이 너를 보살펴 줄 것이다.

1 My child, listen to what I say, and treasure my commands.

2 Tune your ears to wisdom, and concentrate on understanding.

3 Cry out for insight, and ask for understanding.

4 Search for them as you would for silver; seek them like hidden treasures.

5 Then you will understand what it means to fear the Lord, and you will gain knowledge of God.

6 For the Lord grants wisdom! From his mouth come knowledge and understanding.

7 He grants a treasure of common sense to the honest. He is a shield to those who walk with integrity.

8 He guards the paths of the just and protects those who are faithful to him.

9 Then you will understand what is right, just, and fair, and you will find the right way to go.

10 For wisdom will enter your heart, and knowledge will fill you with joy.

11 Wise choices will watch over you. Understanding will keep you safe.

•나의 레마 노트•

12 지혜가 악한 사람의 길에서 너를 구하고, 겉과 속이 다르게 말하는 사람에게서 너를 건질 것이다.

13 그들은 바른길을 버리고, 어두운 길로 가는 사람들이다.

14 그들은 나쁜 일 하기를 좋아하며, 악하고 거스르는 일 하기를 즐거워한다.

15 그들의 길은 구부러져 있고, 그들의 행실은 비뚤어져 있다.

〈지혜와 순결〉

16 지혜가 너를 음란한 여자에게서 건져 주고, 너를 꾀는 부정한 여자에게서 건져 줄 것이다.

17 그 여자는 젊은 시절의 짝을 버리고, 하나님과 맺은 언약을 잊은 여자이다.

18 그 여자의 집은 죽음에 이르는 길목이요, 그 길은 죽음으로 내려가는 길이다.

19 그런 여자에게 가는 자는 아무도 되돌아오지 못하고, 다시는 생명의 길에 이르지 못한다.

20 그러므로 너는 선한 사람이 가는 길을 가고, 의로운 사람이 걷는 길로만 걸어라.

21 세상은 정직한 사람이 살 곳이요, 흠 없는 사람이 살아 남을 곳이기 때문이다.

22 그러나 악한 사람은 땅에서 끊어지고, 진실하지 못한 사람은 땅에서 뿌리가 뽑힐 것이다.

12 Wisdom will save you from evil people, from those whose words are twisted.

13 These men turn from the right way to walk down dark paths.

14 They take pleasure in doing wrong, and they enjoy the twisted ways of evil.

15 Their actions are crooked, and their ways are wrong.

16 Wisdom will save you from the immoral woman, from the seductive words of the promiscuous woman.

17 She has abandoned her husband and ignores the covenant she made before God.

18 Entering her house leads to death; it is the road to the grave.

19 The man who visits her is doomed. He will never reach the paths of life.

20 Follow the steps of good men instead, and stay on the paths of the righteous.

21 For only the godly will live in the land, and those with integrity will remain in it.

22 But the wicked will be removed from the land, and the treacherous will be uprooted.

•나의 레마 노트•

〈젊은이에게 주는 충고〉

1 아이들아, 내 가르침을 잊지 말고, 내 계명을 네 마음에 간직하여라.

2 그러면 그것들이 너를 장수하게 하며, 해가 갈수록 더욱 평안을 누리게 할 것이다.

3 인자와 진리를 저버리지 말고, 그것을 목에 걸고 다니며, 너의 마음 속 깊이 새겨 두어라.

4 그러면 하나님과 사람 앞에서 네가 은혜를 입고 귀중히 여김을 받을 것이다.

5 너의 마음을 다하여 주님을 의뢰하고, 너의 명철을 의지하지 말아라.

6 네가 하는 모든 일에서 주님을 인정하여라. 그러면 주님께서 네가 가는 길을 곧게 하실 것이다.

7 스스로 지혜롭다고 여기지 말고, 주님을 경외하며 악을 멀리하여라.

8 그러면 이것이 너의 몸에 보약이 되어, 상처가 낫고 아픔이 사라질 것이다.

9 너의 재산과 땅에서 얻은 모든 첫 열매로 주님을 공경하여라.

10 그러면 너의 창고가 가득 차고, 너의 포도주 통에 햇포도주가 넘칠 것이다.

11 아이들아, 주님의 훈계를 거부하지 말고, 그의 책망을 싫어하지 말아라.

12 주님은, 당신이 사랑하시는 사람을 꾸짖으시니, 마치 귀여워하는 아들을 꾸짖는 아버지와 같으시다.

1 My child, never forget the things I have taught you. Store my commands in your heart.

2 If you do this, you will live many years, and your life will be satisfying.

3 Never let loyalty and kindness leave you! Tie them around your neck as a reminder. Write them deep within your heart.

4 Then you will find favor with both God and people, and you will earn a good reputation.

5 Trust in the Lord with all your heart; do not depend on your own understanding.

6 Seek his will in all you do, and he will show you which path to take.

7 Don't be impressed with your own wisdom. Instead, fear the Lord and turn away from evil.

8 Then you will have healing for your body and strength for your bones.

9 Honor the Lord with your wealth and with the best part of everything you produce.

10 Then he will fill your barns with grain, and your vats will overflow with good wine.

11 My child, don't reject the Lord's discipline, and don't be upset when he corrects you.

12 For the Lord corrects those he loves, just as a father corrects a child in whom he delights.

•나의 레마 노트•

3

〈지혜의 가치〉

13 지혜를 찾는 사람은 복이 있고, 명철을 얻는 사람은 복이 있다.

14 참으로 지혜를 얻는 것이 은을 얻는 것보다 낫고, 황금을 얻는 것보다 더 유익하다.

15 지혜는 진주보다 더 값지고, 네가 갖고 싶어하는 그 어떤 것도 이것과 비교할 수 없다.

16 그 오른손에는 장수가 있고, 그 왼손에는 부귀영화가 있다.

17 지혜의 길은 즐거운 길이요, 그 모든 길에는 평안이 있다.

18 지혜는, 그것을 얻는 사람에게는 생명의 나무이니, 그것을 붙드는 사람은 복이 있다.

19 주님은 지혜로 땅의 기초를 놓으셨고, 명철로 하늘을 펼쳐 놓으셨다.

20 그분은 지식으로 깊은 물줄기를 터뜨리시고, 구름에서 이슬이 내리게 하신다.

21 아이들아, 건전한 지혜와 분별력을 모두 잘 간직하여 너의 시야에서 떠나지 않게 하여라.

22 그것이 너의 영혼에 생기를 불어넣으며, 너의 목에 우아한 장식물이 될 것이다.

23 그 때에 너는 너의 길을 무사히 갈 것이며, 너의 발은 걸려 넘어지지 않을 것이다.

24 너는 누워도 두렵지 않고, 누우면 곧 단잠을 자게 될 것이다.

25 너는 갑자기 닥치는 두려운 일이나, 악한 사람에게 닥치는 멸망을 보고 무서워하지 말 아라.

13 Joyful is the person who finds wisdom, the one who gains understanding.

14 For wisdom is more profitable than silver, and her wages are better than gold.

15 Wisdom is more precious than rubies; nothing you desire can compare with her.

16 She offers you long life in her right hand, and riches and honor in her left.

17 She will guide you down delightful paths; all her ways are satisfying.

18 Wisdom is a tree of life to those who embrace her; happy are those who hold her tightly.

19 By wisdom the Lord founded the earth; by understanding he created the heavens.

20 By his knowledge the deep fountains of the earth burst forth, and the dew settles beneath the night sky.

21 My child, don't lose sight of common sense and discernment. Hang on to them,

22 for they will refresh your soul. They are like jewels on a necklace.

23 They keep you safe on your way, and your feet will not stumble.

24 You can go to bed without fear; you will lie down and sleep soundly.

25 You need not be afraid of sudden disaster or the destruction that comes upon the wicked,

•나의 레마 노트•

26 주님께서 네가 의지할 분이 되셔서 너의 발이 덫에 걸리지 않게 지켜 주실 것이다.

27 너의 손에 선을 행할 힘이 있거든, 도움을 청하는 사람에게 주저하지 말고 선을 행하여라.

28 네가 가진 것이 있으면서도, 너의 이웃에게 "갔다가 다시 오시오. 내일 주겠소" 말하지 말아라.

29 너를 의지하며 살고 있는 너의 이웃에게 해를 끼칠 계획은 꾸미지 말아라.

30 너에게 해를 끼치지 않는 사람과는, 까닭없이 다투지 말아라.

31 폭력을 휘두르는 사람을 부러워하지 말고, 그의 행위는 그 어떤 것이든 따르지 말아라.

32 참으로 주님은 역겨운 일을 하는 사람은 미워하시고, 바른길을 걷는 사람과는 늘 사귐을 가지신다.

33 주님은 악한 사람의 집에는 저주를 내리시지만, 의로운 사람이 사는 곳에는 복을 내려 주신다.

34 진실로 주님은, 조롱하는 사람을 비웃으시고, 겸손한 사람에게는 은혜를 베푸신다.

35 지혜있는 사람은 영광을 물려받고, 미련한 사람은 수치를 당할 뿐이다.

26 for the Lord is your security. He will keep your foot from being caught in a trap.

27 Do not withhold good from those who deserve it when it's in your power to help them.

28 If you can help your neighbor now, don't say, "Come back tomorrow, and then I'll help you."

29 Don't plot harm against your neighbor, for those who live nearby trust you.

30 Don't pick a fight without reason, when no one has done you harm.

31 Don't envy violent people or copy their ways.

32 Such wicked people are detestable to the Lord, but he offers his friendship to the godly.

33 The Lord curses the house of the wicked, but he blesses the home of the upright.

34 The Lord mocks the mockers but is gracious to the humble.

35 The wise inherit honor, but fools are put to shame!

•나의 레마 노트•

〈지혜가 주는 유익〉

1 아이들아, 너희는 아버지의 훈계를 잘 듣고, 명철을 얻도록 귀를 기울여라.

2 내가 선한 도리를 너희에게 전하니, 너희는 내 교훈을 저버리지 말아라.

3 나도 내 아버지에게는 아들이었고, 내 어머니 앞에서도 하나뿐인 귀여운 자식이었다.

4 아버지는 내게 이렇게 가르치셨다. "내 말을 네 마음에 간직하고, 내 명령을 지켜라. 네가 잘 살 것이다.

5 지혜를 얻고, 명철을 얻어라. 내가 친히 하는 말을 잊지 말고, 어기지 말아라.

6 지혜를 버리지 말아라. 그것이 너를 지켜 줄 것이다. 지혜를 사랑하여라. 그것이 너를 보호하여 줄 것이다.

7 지혜가 으뜸이니, 지혜를 얻어라. 네가 가진 모든 것을 다 바쳐서라도 명철을 얻어라.

8 지혜를 소중히 여겨라. 그것이 너를 높일 것이다. 지혜를 가슴에 품어라. 그것이 너를 존귀하게 할 것이다.

1 My children, listen when your father corrects you. Pay attention and learn good judgment,

2 for I am giving you good guidance. Don't turn away from my instructions.

3 For I, too, was once my father's son, tenderly loved as my mother's only child.

4 My father taught me, "Take my words to heart. Follow my commands, and you will live.

5 Get wisdom; develop good judgment. Don't forget my words or turn away from them.

6 Don't turn your back on wisdom, for she will protect you. Love her, and she will guard you.

7 Getting wisdom is the wisest thing you can do! And whatever else you do, develop good judgment.

8 If you prize wisdom, she will make you great. Embrace her, and she will honor you.

9 그 지혜가 아름다운 화관을 너의 머리에 씌워 주고, 영광스러운 왕관을 너에게 씌워 줄 것이다."

〈바른 길, 그른 길〉

10 아이들아, 들어라. 내 말을 받아들이면, 네가 오래 살 것이다.

11 내가 네게 지혜로운 길을 가르쳐 주었고, 너를 바른길로 이끌어 주었으므로,

12 네가 걸을 때에, 네 걸음이 막히지 않고, 달려가도 넘어지지 않을 것이다.

13 훈계를 놓치지 말고 굳게 잡아라. 그것은 네 생명이니, 단단히 지켜라.

14 악독한 사람의 길에 들어서지 말고, 악한 사람의 길로는 다니지도 말아라.

15 그런 길은 피하고, 건너가지도 말며, 발길을 돌려서, 지나쳐 버려라.

16 그들은 악한 일을 저지르지 않고는 잠을 이루지 못하며, 남을 넘어지게 하지 않고는 잠을 설치는 자들이다.

9 She will place a lovely wreath on your head; she will present you with a beautiful crown."

10 My child, listen to me and do as I say, and you will have a long, good life.

11 I will teach you wisdom's ways and lead you in straight paths.

12 When you walk, you won't be held back; when you run, you won't stumble.

13 Take hold of my instructions; don't let them go. Guard them, for they are the key to life.

14 Don't do as the wicked do, and don't follow the path of evildoers.

15 Don't even think about it; don't go that way. Turn away and keep moving.

16 For evil people can't sleep until they've done their evil deed for the day. They can't rest until they've caused someone to stumble.

•나의 레마 노트•

17 그들은 악한 방법으로 얻은 빵을 먹으며, 폭력으로 빼앗은 포도주를 마신다.

18 의인의 길은 동틀 때의 햇살 같아서, 대낮이 될 때까지 점점 더 빛나지만,

19 악인의 길은 캄캄하여, 넘어져도 무엇에 걸려 넘어졌는지 알지 못한다.

20 아이들아, 내가 하는 말을 잘 듣고, 내가 이르는 말에 귀를 기울여라.

21 이 말에서 한시도 눈을 떼지 말고, 너의 마음 속 깊이 잘 간직하여라.

22 이 말은 그것을 얻는 사람에게 생명이 되며, 그의 온 몸에 건강을 준다.

23 그 무엇보다도 너는 네 마음을 지켜라. 그 마음이 바로 생명의 근원이기 때문이다.

24 왜곡된 말을 네 입에서 없애 버리고, 속이는 말을 네 입술에서 멀리하여라.

25 눈으로는 앞만 똑바로 보고, 시선은 앞으로만 곧게 두어라.

26 발로 디딜 곳을 잘 살펴라. 네 모든 길이 안전할 것이다.

27 좌로든 우로든 빗나가지 말고, 악에서 네 발길을 끊어 버려라.

17 They eat the food of wickedness and drink the wine of violence!

18 The way of the righteous is like the first gleam of dawn, which shines ever brighter until the full light of day.

19 But the way of the wicked is like total darkness. They have no idea what they are stumbling over.

20 My child, pay attention to what I say. Listen carefully to my words.

21 Don't lose sight of them. Let them penetrate deep into your heart,

22 for they bring life to those who find them, and healing to their whole body.

23 Guard your heart above all else, for it determines the course of your life.

24 Avoid all perverse talk; stay away from corrupt speech.

25 Look straight ahead, and fix your eyes on what lies before you.

26 Mark out a straight path for your feet; stay on the safe path.

27 Don't get sidetracked; keep your feet from following evil.

•나의 레마 노트•

〈아내에게 성실히 하여라〉

1 내 아들아, 너는 내 지혜에 주의를 기울이고 내 명철에 너의 귀를 기울여서,

2 분별력을 간직하고, 네 입술로 지식을 굳게 지켜라.

3 음행하는 여자의 입술에서는 꿀이 떨어지고, 그 말은 기름보다 매끄럽지만,

4 그것이 나중에는 쑥처럼 쓰고, 두 날을 가진 칼처럼 날카롭다.

5 그 여자의 발은 죽을 곳으로 내려가고, 그 여자의 걸음은 스올로 치닫는다.

6 그 여자는 생명의 길을 지키지 못하며, 그 길이 불안정해도 그것을 깨닫지 못한다.

7 내 아들아, 이제 너희는 내 말을 잘 들어라. 내가 하는 말에서 벗어나지 말아라.

8 네 길에서 그 여자를 멀리 떨어져 있게 하여라. 그 여자의 집 문 가까이에도 가지 말아라.

9 그렇지 않으면, 네 영예가 다른 사람에게 넘어가고, 네 아까운 세월을 포학자들에게 빼앗길 것이다.

10 다른 사람이 네 재산으로 배를 불리고, 네가 수고한 것이 남의 집으로 돌아갈 것이다.

11 마침내 네 몸과 육체를 망친 뒤에, 네 종말이 올 때에야 한탄하며,

1 My son, pay attention to my wisdom; listen carefully to my wise counsel.

2 Then you will show discernment, and your lips will express what you've learned.

3 For the lips of an immoral woman are as sweet as honey, and her mouth is smoother than oil.

4 But in the end she is as bitter as poison, as dangerous as a double-edged sword.

5 Her feet go down to death; her steps lead straight to the grave.

6 For she cares nothing about the path to life. She staggers down a crooked trail and doesn't realize it.

7 So now, my sons, listen to me. Never stray from what I am about to say:

8 Stay away from her! Don't go near the door of her house!

9 If you do, you will lose your honor and will lose to merciless people all you have achieved.

10 Strangers will consume your wealth, and someone else will enjoy the fruit of your labor.

11 In the end you will groan in anguish when disease consumes your body.

•나의 레마 노트•

5

12 말하기를 "내가 어찌하여 훈계를 싫어하였던가? 내가 어찌하여 책망을 멸시하였던가?

13 내가 스승에게 순종하지 않고, 나를 가르쳐 주신 분에게 귀를 기울이지 않고 있다가,

14 온 회중이 보는 앞에서 이런 처절한 재난을 당하는구나!" 할 것이다.

15 너는 네 우물의 물을 마시고, 네 샘에서 솟아나는 물을 마셔라.

16 어찌하여 네 샘물을 바깥으로 흘러 보내며, 그 물줄기를 거리로 흘러 보내려느냐?

17 그 물은 너 혼자만의 것으로 삼고, 다른 사람들과 나누지 말아라.

18 네 샘이 복된 줄 알고, 네가 젊어서 맞은 아내와 더불어 즐거워하여라.

19 아내는 사랑스러운 암사슴, 아름다운 암노루, 그의 품을 언제나 만족스럽게 생각하고,
   그의 사랑을 언제나 사모하여라.

20 내 아들아, 어찌하여 음행하는 여자를 사모하며, 부정한 여자의 가슴을 껴안겠느냐?

21 주님의 눈은 사람의 길을 지켜 보시며, 그 모든 길을 살펴보신다.

22 악인은 자기의 악에 걸리고, 자기 죄의 올무에 걸려 들어서,

23 훈계를 받지 않아서 죽고, 너무나 미련하여 길을 잃는다.

12 You will say, "How I hated discipline! If only I had not ignored all the warnings!

13 Oh, why didn't I listen to my teachers? Why didn't I pay attention to my instructors?

14 I have come to the brink of utter ruin, and now I must face public disgrace."

15 Drink water from your own well - share your love only with your wife.

16 Why spill the water of your springs in the streets, having sex with just anyone?

17 You should reserve it for yourselves. Never share it with strangers.

18 Let your wife be a fountain of blessing for you. Rejoice in the wife of your youth.

19 She is a loving deer, a graceful doe. Let her breasts satisfy you always. May you always
   be captivated by her love.

20 Why be captivated, my son, by an immoral woman, or fondle the breasts of a promis-
   cuous woman?

21 For the Lord sees clearly what a man does, examining every path he takes.

22 An evil man is held captive by his own sins; they are ropes that catch and hold him.

23 He will die for lack of self-control; he will be lost because of his great foolishness.

•나의 레마 노트•

〈어리석은 사람이 되지 말아라〉

1 아이들아, 네가 이웃을 도우려고 담보를 서거나, 남의 딱한 사정을 듣고 보증을 선다면,

2 네가 한 그 말에 네가 걸려 들고, 네가 한 그 말에 네가 잡힌다.

3 아이들아, 네가 너의 이웃의 손에 잡힌 것이니, 어서 그에게 가서 풀어 달라고 겸손히 간청하여라. 너는 이렇게 하여 자신을 구하여라.

4 잠을 자지도 말고, 졸지도 말고

5 노루가 사냥꾼의 손에서 벗어나듯, 새가 새 잡는 사람의 손에서 벗어나듯, 어서 벗어나서 너 자신을 구하여라.

6 게으른 사람아, 개미에게 가서, 그들이 사는 것을 살펴보고 지혜를 얻어라.

7 개미는 우두머리도 없고 지휘관도 없고 통치자도 없지만,

8 여름 동안 양식을 마련하고, 추수 때에 먹이를 모아 둔다.

9 게으른 사람아, 언제까지 누워 있으려느냐? 언제 잠에서 깨어 일어나려느냐?

1 My child, if you have put up security for a friend's debt or agreed to guarantee the debt of a stranger -

2 if you have trapped yourself by your agreement and are caught by what you said -

3 follow my advice and save yourself, for you have placed yourself at your friend's mercy. Now swallow your pride; go and beg to have your name erased.

4 Don't put it off; do it now! Don't rest until you do.

5 Save yourself like a gazelle escaping from a hunter, like a bird fleeing from a net.

6 Take a lesson from the ants, you lazybones. Learn from their ways and become wise!

7 Though they have no prince or governor or ruler to make them work,

8 they labor hard all summer, gathering food for the winter.

9 But you, lazybones, how long will you sleep? When will you wake up?

10 "조금만 더 자야지, 조금만 더 눈을 붙여야지, 조금만 더 팔을 베고 누워 있어야지" 하면,

11 네게 가난이 강도처럼 들이닥치고, 빈곤이 방패로 무장한 용사처럼 달려들 것이다.

12 건달과 악인은 그릇된 말이나 하며 돌아다닌다.

13 그들은 눈짓과 발짓과 손짓으로 서로 신호를 하며,

14 그 비뚤어진 마음으로 항상 악을 꾀하며, 싸움만 부추긴다.

15 그러므로 갑자기 닥쳐오는 재앙을 만나, 순식간에 망하고, 회복되지 못한다.

16 주님께서 미워하시는 것, 주님께서 싫어하시는 것이 예닐곱 가지이다.

17 교만한 눈과 거짓말하는 혀와 무죄한 사람을 피 흘리게 하는 손과

18 악한 계교를 꾸미는 마음과 악한 일을 저지르려고 치닫는 발과,

19 거짓으로 증거하는 사람과, 친구 사이를 이간하는 사람이다.

10 A little extra sleep, a little more slumber, a little folding of the hands to rest -

11 then poverty will pounce on you like a bandit; scarcity will attack you like an armed robber.

12 What are worthless and wicked people like? They are constant liars,

13 signaling their deceit with a wink of the eye, a nudge of the foot, or the wiggle of fingers.

14 Their perverted hearts plot evil, and they constantly stir up trouble.

15 But they will be destroyed suddenly, broken in an instant beyond all hope of healing.

16 There are six things the Lord hates - no, seven things he detests:

17 haughty eyes, a lying tongue, hands that kill the innocent,

18 a heart that plots evil, feet that race to do wrong,

19 a false witness who pours out lies, a person who sows discord in a family.

•나의 레마 노트•

〈부도덕에 대한 경고〉

20 아이들아, 아버지의 명령을 지키고, 어머니의 가르침을 저버리지 말아라.

21 그것을 항상 네 마음에 간직하며, 네 목에 걸고 다녀라.

22 네가 길을 갈 때 그것이 너를 인도하여 주며, 네가 잠잘 때에 너를 지켜 주고, 네가 깨면 너의 말벗이 되어 줄 것이다.

23 참으로 그 명령은 등불이요, 그 가르침은 빛이며, 그 훈계의 책망은 생명의 길이다.

24 이것이 너를 악한 여자에게서 지켜 주고, 음행하는 여자의 호리는 말에 네가 빠지지 않게 지켜 준다.

25 네 마음에 그런 여자의 아름다움을 탐내지 말고, 그 눈짓에 홀리지 말아라.

26 과연 창녀는 사람을 빵 한 덩이만 남게 만들며, 음란한 여자는 네 귀중한 생명을 앗아 간다.

27 불을 가슴에 안고 다니는데 옷이 타지 않을 수 있겠느냐?

28 숯불 위를 걸어 다니는데 발이 성할 수 있겠느냐?

20 My son, obey your father's commands, and don't neglect your mother's instruction.

21 Keep their words always in your heart. Tie them around your neck.

22 When you walk, their counsel will lead you. When you sleep, they will protect you. When you wake up, they will advise you.

23 For their command is a lamp and their instruction a light; their corrective discipline is the way to life.

24 It will keep you from the immoral woman, from the smooth tongue of a promiscuous woman.

25 Don't lust for her beauty. Don't let her coy glances seduce you.

26 For a prostitute will bring you to poverty, but sleeping with another man's wife will cost you your life.

27 Can a man scoop a flame into his lap and not have his clothes catch on fire?

28 Can he walk on hot coals and not blister his feet?

•나의 레마 노트•

29 남의 아내와 간통하는 자가 이렇다. 남의 아내를 범하고서도 어찌 무사하기를 바라겠느냐?

30 도둑이 다만 허기진 배를 채우려고 훔쳤다면, 사람들은 그 도둑을 멸시하지 않을 것이다.

31 그래도 훔치다 들키면 일곱 배를 갚아야 하고, 심하면 자기 집에 있는 모든 재산을 다 내주어야 할 것이다.

32 남의 아내와 간음하는 사람은 생각이 모자라는 사람이다. 자기 영혼을 망치려는 사람만이 그런 일을 한다.

33 그는 매를 맞고 창피를 당할 것이니, 그 수치를 절대로 씻을 수 없을 것이다.

34 그의 남편이 질투에 불타서 복수하는 날, 조금도 동정하여 주지 않을 것이다.

35 어떤 보상도 거들떠보려고 하지 않을 것이며, 아무리 많은 위자료를 가져다 주어도 받으려 하지 않을 것이다.

29 So it is with the man who sleeps with another man's wife. He who embraces her will not go unpunished.

30 Excuses might be found for a thief who steals because he is starving.

31 But if he is caught, he must pay back seven times what he stole, even if he has to sell everything in his house.

32 But the man who commits adultery is an utter fool, for he destroys himself.

33 He will be wounded and disgraced. His shame will never be erased.

34 For the woman's jealous husband will be furious, and he will show no mercy when he takes revenge.

35 He will accept no compensation, nor be satisfied with a payoff of any size.

•나의 레마 노트•

〈불신실한 자의 어리석음〉

1 아이들아, 내 말을 지키고, 내 명령을 너의 마음 속 깊이 간직하여라.

2 내 명령을 지켜서 잘 살고 내 교훈을 너의 눈동자를 보호하듯 지켜라.

3 그것을 너의 손가락에 매고, 네 마음 속 깊이 새겨 두어라.

4 지혜에게는 "너는 내 누이"라고 말하고, 명철에게는 "너는 내 친구"라고 불러라.

5 그러면 그것이 너를 음행하는 여자로부터 지켜 주고, 달콤한 말로 호리는 외간 여자로부터 지켜 줄 것이다.

〈부도덕한 여인〉

6 나는, 나의 집 창가에서 창살문으로 내다보다가,

7 어수룩한 젊은이들 가운데, 지혜 없는 젊은이가 있는 것을 보았다.

8 그는 거리를 지나 골목 모퉁이로 가까이 가서, 그 여자의 집으로 가는 길로 발걸음을 옮겼다.

9 저녁이 되어 땅거미가 지고, 밤이 되어 어두워진 때였다.

1 Follow my advice, my son; always treasure my commands.

2 Obey my commands and live! Guard my instructions as you guard your own eyes.

3 Tie them on your fingers as a reminder. Write them deep within your heart.

4 Love wisdom like a sister; make insight a beloved member of your family.

5 Let them protect you from an affair with an immoral woman, from listening to the flattery of a promiscuous woman.

6 While I was at the window of my house, looking through the curtain,

7 I saw some naive young men, and one in particular who lacked common sense.

8 He was crossing the street near the house of an immoral woman, strolling down the path by her house.

9 It was at twilight, in the evening, as deep darkness fell.

•나의 레마 노트•

10 한 여자가 창녀 옷을 입고서, 교활한 마음을 품고 그에게 다가갔다.

11 그 여자는 마구 떠들며, 예의 없이 굴며, 발이 집에 머물러 있지를 못한다.

12 때로는 이 거리에서, 때로는 저 광장에서, 길목마다 몸을 숨기고 있다가,

13 그 젊은이를 와락 붙잡고 입을 맞추며, 뻔뻔스러운 얼굴로 그에게 말하였다.

14 "오늘 나는 화목제를 드려서, 서원한 것을 실행하였습니다.

15 그래서 나는 당신을 맞으러 나왔고, 당신을 애타게 찾다가, 이렇게 만나게 되었습니다.

16 내 침대에는 요도 깔아 놓았고, 이집트에서 만든 무늬 있는 이불도 펴놓았습니다.

17 누울 자리에는 몰약과 침향과 육계향을 뿌려 두었습니다.

18 자, 어서 가서 아침이 되도록 한껏 사랑에 빠지고, 서로 사랑하면서 즐깁시다.

19 남편도 먼 여행길을 떠나서 집에 없습니다.

20 돈주머니를 가지고 갔으니, 보름달이 뜰 때라야 집에 돌아올 겁니다."

10 The woman approached him, seductively dressed and sly of heart.

11 She was the brash, rebellious type, never content to stay at home.

12 She is often in the streets and markets, soliciting at every corner.

13 She threw her arms around him and kissed him, and with a brazen look she said,

14 "I've just made my peace offerings and fulfilled my vows.

15 You're the one I was looking for! I came out to find you, and here you are!

16 My bed is spread with beautiful blankets, with colored sheets of Egyptian linen.

17 I've perfumed my bed with myrrh, aloes, and cinnamon.

18 Come, let's drink our fill of love until morning. Let's enjoy each other's caresses,

19 for my husband is not home. He's away on a long trip.

20 He has taken a wallet full of money with him and won't return until later this month."

•나의 레마 노트•

21 이렇게 여러 가지 달콤한 말로 유혹하고 호리는 말로 꾀니,

22 그는 선뜻 이 여자의 뒤를 따라 나섰다. 마치 도살장으로 끌려가는 소와도 같고, 올가미에 채이러 가는 어리석은 사람과도 같다.

23 마치 자기 목숨을 잃는 줄도 모르고 그물 속으로 쏜살같이 날아드는 새와 같으니, 마침내 화살이 그의 간을 꿰뚫을 것이다.

24 아이들아, 이제 너희는 나의 말을 잘 들어라. 내가 하는 말을 명심하여라.

25 네 마음이 그 여자가 가는 길로 기울지 않게 하고, 그 여자가 가는 길로 빠져 들지 않게 하여라.

26 그 여자에게 상처를 입고 쓰러진 사람이 많고, 그 여자 때문에 죽은 남자도 헤아릴 수 없이 많다.

27 그런 여자의 집은 스올로 트인 길이며, 죽음의 안방으로 내려가는 길이다.

21 So she seduced him with her pretty speech and enticed him with her flattery.

22 He followed her at once, like an ox going to the slaughter. He was like a stag caught in a trap,

23 awaiting the arrow that would pierce its heart. He was like a bird flying into a snare, little knowing it would cost him his life.

24 So listen to me, my sons, and pay attention to my words.

25 Don't let your hearts stray away toward her. Don't wander down her wayward path.

26 For she has been the ruin of many; many men have been her victims.

27 Her house is the road to the grave. Her bedroom is the den of death.

•나의 레마 노트•

〈지혜 찬양〉

1 지혜가 부르고 있지 않느냐? 명철이 소리를 높이고 있지 않느냐?

2 지혜가 길가의 높은 곳과, 네거리에 자리를 잡고 서 있다.

3 마을 어귀 성문 곁에서, 여러 출입문에서 외친다.

4 "사람들아, 내가 너희를 부른다. 내가 모두에게 소리를 높인다.

5 어수룩한 사람들아, 너희는 명철을 배워라. 미련한 사람들아, 너희는 지혜를 배워라.

6 너희는 들어라. 나는 옳은 말만 하고, 내 입술로는 바른 말만 한다.

7 내 입은 진실을 말하며, 내 입술은 악을 싫어한다.

8 내가 하는 말은 모두 의로운 것뿐이며, 거기에는 비뚤어지거나 그릇된 것이 없다.

9 총명이 있는 사람은 이 모든 말을 옳게 여기고, 지식이 있는 사람은 이 모든 말을 바르게 여긴다.

1 Listen as Wisdom calls out! Hear as understanding raises her voice!

2 On the hilltop along the road, she takes her stand at the crossroads.

3 By the gates at the entrance to the town, on the road leading in, she cries aloud,

4 "I call to you, to all of you! I raise my voice to all people.

5 You simple people, use good judgment. You foolish people, show some understanding.

6 Listen to me! For I have important things to tell you. Everything I say is right,

7 for I speak the truth and detest every kind of deception.

8 My advice is wholesome. There is nothing devious or crooked in it.

9 My words are plain to anyone with understanding, clear to those with knowledge.

•나의 레마 노트•

10 너희는 은을 받기보다는 내 훈계를 받고, 금을 선택하기보다는 지식을 선택하여라.

11 참으로 지혜는 진주보다 좋으며, 네가 갖고 싶어하는 그 어떤 것도 이것과 비교할 수 없다."

〈지혜가 하는 말〉

12 "나 지혜는 명철로 주소를 삼으며, 지식과 분별력을 가지고 있다.

13 주님을 경외하는 것은 악을 미워하는 것이다. 나는 교만과 오만, 악한 행실과 거짓된 입을 미워한다.

14 내게는 지략과 건전한 지혜가 있으며, 명철과 능력이 있다.

15 내 도움으로 왕들이 통치하며, 고관들도 올바른 법령을 내린다.

16 내 도움으로 지도자들이 바르게 다스리고, 고관들 곧 공의로 재판하는 자들도 올바른 판결을 내린다.

17 나는, 나를 사랑하는 사람을 사랑하며, 나를 간절히 찾는 사람을 만나 준다.

10 Choose my instruction rather than silver, and knowledge rather than pure gold.

11 For wisdom is far more valuable than rubies. Nothing you desire can compare with it.

12 "I, Wisdom, live together with good judgment. I know where to discover knowledge and discernment.

13 All who fear the Lord will hate evil. Therefore, I hate pride and arrogance, corruption and perverse speech.

14 Common sense and success belong to me. Insight and strength are mine.

15 Because of me, kings reign, and rulers make just decrees.

16 Rulers lead with my help, and nobles make righteous judgments.

17 "I love all who love me. Those who search will surely find me.

•나의 레마 노트•

18 부귀와 영화도 내게 있으며, 든든한 재물과 의도 내게 있다.

19 내가 맺어 주는 열매는 금이나 순금보다 좋고, 내가 거두어 주는 소출은 순은보다 좋다.

20 나는 의로운 길을 걸으며, 공의로운 길 한가운데를 걷는다.

21 나를 사랑하는 사람에게는 내가 재물을 주어서, 그의 금고가 가득 차게 하여 줄 것이다.

22 주님께서 일을 시작하시던 그 태초에, 주님께서 모든 것을 지으시기 전에, 이미 주님께서는 나를 데리고 계셨다.

23 영원 전, 아득한 그 옛날, 땅도 생기기 전에, 나는 이미 세움을 받았다.

24 아직 깊은 바다가 생기기도 전에, 물이 가득한 샘이 생기기도 전에, 나는 이미 태어났다.

25 아직 산의 기초가 생기기 전에, 언덕이 생기기 전에, 나는 이미 태어났다.

26 주님께서 아직 땅도 들도 만들지 않으시고, 세상의 첫 흙덩이도 만들지 않으신 때이다.

27 주님께서 하늘을 제자리에 두시며, 깊은 바다 둘레에 경계선을 그으실 때에도, 내가 거기에 있었다.

18 I have riches and honor, as well as enduring wealth and justice.

19 My gifts are better than gold, even the purest gold, my wages better than sterling silver!

20 I walk in righteousness, in paths of justice.

21 Those who love me inherit wealth. I will fill their treasuries.

22 "The Lord formed me from the beginning, before he created anything else.

23 I was appointed in ages past, at the very first, before the earth began.

24 I was born before the oceans were created, before the springs bubbled forth their waters.

25 Before the mountains were formed, before the hills, I was born -

26 before he had made the earth and fields and the first handfuls of soil.

27 I was there when he established the heavens, when he drew the horizon on the oceans.

잠언 8:18-27

•나의 레마 노트•

28 주님께서 구름 떠도는 창공을 저 위 높이 달아매시고, 깊은 샘물을 솟구치게 하셨을 때에,

29 바다의 경계를 정하시고, 물이 그분의 명을 거스르지 못하게 하시고, 땅의 기초를 세우셨을 때에,

30 나는 그분 곁에서 창조의 명공이 되어, 날마다 그분을 즐겁게 하여 드리고, 나 또한 그분 앞에서 늘 기뻐하였다.

31 그분이 지으신 땅을 즐거워하며, 그분이 지으신 사람들을 내 기쁨으로 삼았다.

32 그러므로 아이들아, 이제 내 말을 들어라. 내 길을 따르는 사람이 복이 있다.

33 내 훈계를 들어서 지혜를 얻고, 그것을 무시하지 말아라.

34 날마다 나의 문을 지켜 보며, 내 문설주 곁에 지키고 서서, 내 말을 듣는 사람은 복이 있다.

35 나를 얻는 사람은 생명을 얻고, 주님께로부터 은총을 받을 것이다.

36 그러나 나를 놓치는 사람은 자기 생명을 해치는 사람이며, 나를 미워하는 사람은 죽음을 사랑하는 사람이다."

28 I was there when he set the clouds above, when he established springs deep in the earth.

29 I was there when he set the limits of the seas, so they would not spread beyond their boundaries. And when he marked off the earth's foundations,

30 I was the architect at his side. I was his constant delight, rejoicing always in his presence.

31 And how happy I was with the world he created; how I rejoiced with the human family!

32 "And so, my children, listen to me, for all who follow my ways are joyful.

33 Listen to my instruction and be wise. Don't ignore it.

34 Joyful are those who listen to me, watching for me daily at my gates, waiting for me outside my home!

35 For whoever finds me finds life and receives favor from the Lord.

36 But those who miss me injure themselves. All who hate me love death."

•나의 레마 노트•

〈지혜와 어리석음〉

1 지혜가 일곱 기둥을 깎아 세워서 제 집을 짓고,

2 짐승을 잡고, 포도주를 잘 빚어서, 잔칫상을 차린 다음에,

3 시녀들을 보내어, 성읍 높은 곳에서 외치게 하였다.

4 "어수룩한 사람은 누구나 이리로 발길을 돌려라." 지각이 모자라는 사람도 초청하라고 하였다.

5 "와서 내가 차린 음식을 먹고, 내가 잘 빚은 포도주를 마셔라.

6 어수룩한 길을 내버리고, 생명을 얻어라. 명철의 길을 따라가거라" 하였다.

〈참 지혜〉

7 거만한 사람을 훈계하면 수치를 당할 수 있고, 사악한 사람을 책망하면 비난을 받을 수 있다.

8 거만한 사람을 책망하지 말아라. 그가 너를 미워할까 두렵다. 지혜로운 사람은 꾸짖어라. 그가 너를 사랑할 것이다.

9 지혜로운 사람은 훈계를 할수록 더욱 지혜로워지고 의로운 사람은 가르칠수록 학식이 더할 것이다.

1 Wisdom has built her house; she has carved its seven columns.

2 She has prepared a great banquet, mixed the wines, and set the table.

3 She has sent her servants to invite everyone to come. She calls out from the heights overlooking the city.

4 "Come in with me," she urges the simple. To those who lack good judgment, she says,

5 "Come, eat my food, and drink the wine I have mixed.

6 Leave your simple ways behind, and begin to live; learn to use good judgment."

7 Anyone who rebukes a mocker will get an insult in return. Anyone who corrects the wicked will get hurt.

8 So don't bother correcting mockers; they will only hate you. But correct the wise, and they will love you.

9 Instruct the wise, and they will be even wiser. Teach the righteous, and they will learn even more.

10 주님을 경외하는 것이 지혜의 근본이요, 거룩하신 이를 아는 것이 슬기의 근본이다.

11 나 지혜로 말미암아 네가 오래 살 것이요, 네 수명도 길어질 것이다.

12 네가 지혜로우면 그 지혜가 네게 유익하지만, 네가 거만하면 그 거만이 너만 해롭게 할 것이다.

〈어리석은 여자〉

13 어리석은 여자는 수다스럽다. 지각이 없으니, 아는 것이 아무것도 없다.

14 그러한 여자는 자기 집 문 앞에 앉거나, 마을 높은 곳에 앉아서,

15 제 갈길만 바쁘게 가는 사람에게

16 "어수룩한 사람은 누구나 이리로 발길을 돌려라" 하고 소리친다. 지각이 모자라는 사람에게도 이르기를

17 "훔쳐서 마시는 물이 더 달고, 몰래 먹는 빵이 더 맛있다"하고 말한다.

18 그런데도 어리석은 사람은, 죽음의 그늘이 바로 그 곳에 드리워져 있다는 것을 모른다. 그 여자를 찾아온 사람마다 이미 스올의 깊은 곳에 가 있다는 것을, 그 어리석은 사람은 알지 못한다.

10 Fear of the Lord is the foundation of wisdom. Knowledge of the Holy One results in good judgment.

11 Wisdom will multiply your days and add years to your life.

12 If you become wise, you will be the one to benefit. If you scorn wisdom, you will be the one to suffer.

13 The woman named Folly is brash. She is ignorant and doesn't know it.

14 She sits in her doorway on the heights overlooking the city.

15 She calls out to men going by who are minding their own business.

16 "Come in with me," she urges the simple. To those who lack good judgment, she says,

17 "Stolen water is refreshing; food eaten in secret tastes the best!"

18 But little do they know that the dead are there. Her guests are in the depths of the grave.

•나의 레마 노트•

〈솔로몬의 잠언〉

1 이것은 솔로몬의 잠언이다. 지혜로운 아들은 아버지를 기쁘게 하지만, 미련한 아들은 어머니의 근심거리이다.

2 부정하게 모은 재물은 쓸모가 없지만, 의리는 죽을 사람도 건져낸다.

3 주님은 의로운 생명은 주리지 않게 하시지만, 악인의 탐욕은 물리치신다.

4 손이 게으른 사람은 가난하게 되고 손이 부지런한 사람은 부유하게 된다.

5 곡식이 익었을 때에 거두어들이는 아들은 지혜가 있는 아들이지만, 추수 때에 잠만 자고 있으면, 부끄러운 아들이다.

6 의인은 머리에 복을 이고 있으나, 악인은 입에 독을 머금고 있다.

7 의인은 청찬을 받으며 기억되지만, 악인은 그 이름마저 기억에서 사라진다.

8 마음이 지혜로운 사람은 명령을 받아들이지만, 입을 어리석게 놀리는 사람은 멸망한다.

9 흠 없이 살면 앞길이 평안하지만, 그릇되게 살면 마침내 드러나게 된다.

1 The proverbs of Solomon: A wise child brings joy to a father; a foolish child brings grief to a mother.

2 Tainted wealth has no lasting value, but right living can save your life.

3 The Lord will not let the godly go hungry, but he refuses to satisfy the craving of the wicked.

4 Lazy people are soon poor; hard workers get rich.

5 A wise youth harvests in the summer, but one who sleeps during harvest is a disgrace.

6 The godly are showered with blessings; the words of the wicked conceal violent intentions.

7 We have happy memories of the godly, but the name of a wicked person rots away.

8 The wise are glad to be instructed, but babbling fools fall flat on their faces.

9 People with integrity walk safely, but those who follow crooked paths will slip and fall.

•나의 레마 노트•

10 눈을 흘기면 고난이 생기고, 입을 어리석게 놀리는 사람은 멸망한다.

11 의인의 입은 생명의 샘이지만, 악인의 입은 독을 머금고 있다.

12 미움은 다툼을 일으키지만, 사랑은 모든 허물을 덮어 준다.

13 명철한 사람의 입술에는 지혜가 있지만, 지혜가 없는 사람의 등에는 매가 떨어진다.

14 지혜로운 사람은 지식을 간직하지만, 미련한 사람의 입은 멸망을 재촉한다.

15 부자의 재산은 그의 견고한 성이 되지만, 가난한 사람의 빈곤은 그를 망하게 한다.

16 의인의 수고는 생명에 이르고, 악인의 소득은 죄에 이른다.

17 훈계를 지키는 사람은 생명의 길에 이르지만, 책망을 저버리는 사람은 잘못된 길로 들어선다.

18 미움을 감추는 사람은 거짓말 하는 사람이요, 남을 중상하는 사람은 미련한 사람이다.

19 말이 많으면 허물을 면하기 어려우나, 입을 조심하는 사람은 지혜가 있다.

20 의인의 혀는 순수한 은과 같지만, 악인의 마음은 아무 가치가 없다.

21 의인의 입술은 많은 사람을 먹여 살리지만, 어리석은 사람은 생각 없이 살다가 죽는다.

10 People who wink at wrong cause trouble, but a bold reproof promotes peace.

11 The words of the godly are a life-giving fountain; the words of the wicked conceal violent intentions.

12 Hatred stirs up quarrels, but love makes up for all offenses.

13 Wise words come from the lips of people with understanding, but those lacking sense will be beaten with a rod.

14 Wise people treasure knowledge, but the babbling of a fool invites disaster.

15 The wealth of the rich is their fortress; the poverty of the poor is their destruction.

16 The earnings of the godly enhance their lives, but evil people squander their money on sin.

17 People who accept discipline are on the pathway to life, but those who ignore correction will go astray.

18 Hiding hatred makes you a liar; slandering others makes you a fool.

19 Too much talk leads to sin. Be sensible and keep your mouth shut.

20 The words of the godly are like sterling silver; the heart of a fool is worthless.

21 The words of the godly encourage many, but fools are destroyed by their lack of common sense.

•나의 레마 노트•

22 주님께서 복을 주셔서 부유하게 되는 것인데, 절대로 근심을 곁들여 주시지 않는다.

23 미련한 사람은 나쁜 일을 저지르는 데서 낙을 누리지만, 명철한 사람은 지혜에서 낙을 누린다.

24 악인에게는 두려워하는 일이 닥쳐오지만, 의인에게는 바라는 일이 이루어진다.

25 회오리바람이 지나가면, 악인은 없어져도, 의인은 영원한 기초처럼 꼼짝하지 않는다.

26 게으른 사람은 부리는 사람에게, 이에 초 같고, 눈에 연기 같다.

27 주님을 경외하면 장수를 누리지만, 악인의 수명은 짧아진다.

28 의인의 희망은 기쁨을 거두지만, 악인의 희망은 끊어진다.

29 주님의 도가 정직한 사람에게는 힘이 되지만, 악행을 하는 사람에게는 멸망이 된다.

30 의인은 영원히 흔들리지 않지만, 악인은 땅에서 배겨내지 못한다.

31 의인의 입에서는 지혜가 나오지만, 거짓말하는 혀는 잘릴 것이다.

32 의인의 입술은 남을 기쁘게 하는 말이 무엇인지 알지만, 악인의 입은 거짓을 말할 뿐이다.

22 The blessing of the Lord makes a person rich, and he adds no sorrow with it.

23 Doing wrong is fun for a fool, but living wisely brings pleasure to the sensible.

24 The fears of the wicked will be fulfilled; the hopes of the godly will be granted.

25 When the storms of life come, the wicked are whirled away, but the godly have a lasting foundation.

26 Lazy people irritate their employers, like vinegar to the teeth or smoke in the eyes.

27 Fear of the Lord lengthens one's life, but the years of the wicked are cut short.

28 The hopes of the godly result in happiness, but the expectations of the wicked come to nothing.

29 The way of the Lord is a stronghold to those with integrity, but it destroys the wicked.

30 The godly will never be disturbed, but the wicked will be removed from the land.

31 The mouth of the godly person gives wise advice, but the tongue that deceives will be cut off.

32 The lips of the godly speak helpful words, but the mouth of the wicked speaks perverse words.

•나의 레마 노트•

〈언행을 조심하라〉

1 속이는 저울은 주님께서 미워하셔도, 정확한 저울추는 주님께서 기뻐하신다.

2 교만한 사람에게는 수치가 따르지만, 겸손한 사람에게는 지혜가 따른다.

3 정직한 사람은 성실하게 살아, 바른길로 가지만, 사기꾼은 속임수를 쓰다가 제 꾀에 빠져 멸망한다.

4 재물은 진노의 날에 쓸모가 없지만, 의리는 죽을 사람도 건져낸다.

5 흠 없는 사람은 그의 옳은 행실로 그가 사는 길을 곧게 하지만, 악한 사람은 자신의 악 때문에 쓰러진다.

6 정직한 사람의 옳은 행실은 그를 구원하지만, 반역하는 사람은 제 욕심에 걸려 넘어진다.

7 악인은 죽을 때에 그들의 희망도 함께 끊어지고, 불의에 걸었던 기대도 물거품이 된다.

8 의인은 재난에 빠져도 구원을 받지만, 악인은 오히려 재난 속으로 빠져들어간다.

9 하나님을 경외하지 않는 사람은 입으로 이웃을 망하게 하지만, 의인은 지식으로 구원을 얻는다.

1 The Lord detests the use of dishonest scales, but he delights in accurate weights.

2 Pride leads to disgrace, but with humility comes wisdom.

3 Honesty guides good people; dishonesty destroys treacherous people.

4 Riches won't help on the day of judgment, but right living can save you from death.

5 The godly are directed by honesty; the wicked fall beneath their load of sin.

6 The godliness of good people rescues them; the ambition of treacherous people traps them.

7 When the wicked die, their hopes die with them, for they rely on their own feeble strength.

8 The godly are rescued from trouble, and it falls on the wicked instead.

9 With their words, the godless destroy their friends, but knowledge will rescue the righteous.

•나의 레마 노트•

10 의인이 잘 되면 마을이 기뻐하고, 악인이 망하면 마을이 환호한다.

11 정직한 사람이 축복하면 마을이 흥하고, 악한 사람이 입을 열면 마을이 망한다.

12 지혜가 없는 사람은 이웃을 비웃지만, 명철한 사람은 침묵을 지킨다.

13 험담하며 돌아다니는 사람은 남의 비밀을 새게 하지만, 마음이 믿음직한 사람은 비밀을 지킨다.

14 지도자가 없으면 백성이 망하지만, 참모가 많으면 평안을 누린다.

15 모르는 사람의 보증을 서면 고통을 당하지만, 보증 서기를 거절하면 안전하다.

16 덕이 있는 여자는 존경을 받고, 부지런한 남자는 재물을 얻는다.

17 인자한 사람은 자기의 생명을 이롭게 하고, 잔인한 사람은 자기의 몸을 해친다.

18 악인에게 돌아오는 삯은 헛것이지만, 정의를 심는 사람은 참 보상을 받는다.

19 정의에 굳게 서는 사람은 생명에 이르지만, 악을 따르는 사람은 죽음에 이른다.

20 주님은 마음이 비뚤어진 사람은 미워하시지만, 올바른 길을 걷는 사람은 기뻐하신다.

21 악인은 틀림없이 벌을 받지만, 의인의 자손은 반드시 구원을 받는다.

10 The whole city celebrates when the godly succeed; they shout for joy when the wicked die.

11 Upright citizens are good for a city and make it prosper, but the talk of the wicked tears it apart.

12 It is foolish to belittle one's neighbor; a sensible person keeps quiet.

13 A gossip goes around telling secrets, but those who are trustworthy can keep a confidence.

14 Without wise leadership, a nation falls; there is safety in having many advisers.

15 There's danger in putting up security for a stranger's debt; it's safer not to guarantee another person's debt.

16 A gracious woman gains respect, but ruthless men gain only wealth.

17 Your kindness will reward you, but your cruelty will destroy you.

18 Evil people get rich for the moment, but the reward of the godly will last.

19 Godly people find life; evil people find death.

20 The Lord detests people with crooked hearts, but he delights in those with integrity.

21 Evil people will surely be punished, but the children of the godly will go free.

•나의 레마 노트•

22 아름다운 여인이 삼가지 아니하는 것은 돼지코에 금고리 격이다.

23 의인이 바라는 것은 좋은 일뿐이지만, 악인이 기대할 것은 진노뿐이다.

24 남에게 나누어 주는데도 더욱 부유해지는 사람이 있는가 하면, 마땅히 쓸 것까지 아 끼는데도 가난해지는 사람이 있다.

25 남에게 베풀기를 좋아하는 사람이 부유해 지고, 남에게 마실 물을 주면, 자신도 갈증 을 면한다.

26 곡식을 저장하여 두기만 하는 사람은 백성에게 저주를 받고, 그것을 내어 파는 사람에 게는 복이 돌아온다.

27 좋은 일을 애써 찾으면 은총을 받지만, 나쁜 일을 애써 추구하면 나쁜 것을 되받는다.

28 자기의 재산만을 믿는 사람은 넘어지지만, 의인은 푸른 나뭇잎처럼 번성한다.

29 자기 집을 해치는 사람은 바람만 물려받을 것이요, 어리석은 사람은 마음이 지혜로운 사람의 종이 될 것이다.

30 의인이 받는 열매는 생명의 나무요, 폭력을 쓰는 사람은 생명을 잃는다.

31 의인이 이 땅에서 한 대로 보상을 받는데, 악인과 죄인이 그 값을 치르지 않겠는가?

22 A beautiful woman who lacks discretion is like a gold ring in a pig's snout.

23 The godly can look forward to a reward, while the wicked can expect only judgment.

24 Give freely and become more wealthy; be stingy and lose everything.

25 The generous will prosper; those who refresh others will themselves be refreshed.

26 People curse those who hoard their grain, but they bless the one who sells in time of need.

27 If you search for good, you will find favor; but if you search for evil, it will find you!

28 Trust in your money and down you go! But the godly flourish like leaves in spring.

29 Those who bring trouble on their families inherit the wind. The fool will be a servant to the wise.

30 The seeds of good deeds become a tree of life; a wise person wins friends.

31 If the righteous are rewarded here on earth, what will happen to wicked sinners?

•나의 레마 노트•

⟨악의 그늘에 못 숨는다⟩

1 훈계받기를 좋아하는 사람은 지식을 사랑하지만, 책망받기를 싫어하는 사람은 짐승같이 우둔하다.

2 선한 사람은 주님으로부터 은총을 받지만, 악을 꾀하는 사람은 정죄를 받는다.

3 사람은 악행으로 터를 굳게 세울 수 없지만, 의인의 뿌리는 흔들리지 않는다.

4 어진 아내는 남편의 면류관이지만, 욕을 끼치는 아내는 남편의 뼛속을 썩게 한다.

5 의인의 생각은 곧지만, 악인의 궁리는 속임수뿐이다.

6 악인이 하는 말은 피 흘릴 음모뿐이지만, 정직한 사람의 말은 사람을 구하여 낸다.

7 악인은 쓰러져서 사라지지만, 의인의 집은 든든히 서 있다.

8 사람은 그 지혜대로 칭찬을 받지만 마음이 비뚤어진 사람은 멸시를 받는다.

9 업신여김을 받더라도 종을 부리는 사람은, 스스로 높은 체하면서 먹을 빵이 없는 사람보다 낫다.

1 To learn, you must love discipline; it is stupid to hate correction.
2 The Lord approves of those who are good, but he condemns those who plan wickedness.
3 Wickedness never brings stability, but the godly have deep roots.
4 A worthy wife is a crown for her husband, but a disgraceful woman is like cancer in his bones.
5 The plans of the godly are just; the advice of the wicked is treacherous.
6 The words of the wicked are like a murderous ambush, but the words of the godly save lives.
7 The wicked die and disappear, but the family of the godly stands firm.
8 A sensible person wins admiration, but a warped mind is despised.
9 Better to be an ordinary person with a servant than to be self-important but have no food.

•나의 레마 노트•

10 의인은 집짐승의 생명도 돌보아 주지만, 악인은 자비를 베푼다고 하여도 잔인하다.

11 밭을 가는 사람은 먹을 것이 넉넉하지만, 헛된 것을 꿈꾸는 사람은 지각이 없다.

12 악인은 불의한 이익을 탐하지만, 의인은 그 뿌리로 말미암아 열매를 맺는다.

13 악인은 입술을 잘못 놀려 덫에 걸리지만, 의인은 재난에서 벗어난다.

14 사람은 열매 맺는 말을 하여 좋은 것을 넉넉하게 얻으며, 자기가 손수 일한 만큼 되돌려 받는다.

15 어리석은 사람은 자신의 행실만이 옳다고 여기지만, 지혜로운 사람은 충고에 귀를 기울인다.

16 미련한 사람은 쉽게 화를 내지만, 슬기로운 사람은 모욕을 참는다.

17 진실을 말하는 사람은 정직한 증거를 보이지만, 거짓 증인은 속임수만 쓴다.

18 함부로 말하는 사람의 말은 비수 같아도, 지혜로운 사람의 말은 아픈 곳을 낫게 하는 약이다.

19 진실한 말은 영원히 남지만, 거짓말은 한순간만 통할 뿐이다.

10 The godly care for their animals, but the wicked are always cruel.

11 A hard worker has plenty of food, but a person who chases fantasies has no sense.

12 Thieves are jealous of each other's loot, but the godly are well rooted and bear their own fruit.

13 The wicked are trapped by their own words, but the godly escape such trouble.

14 Wise words bring many benefits, and hard work brings rewards.

15 Fools think their own way is right, but the wise listen to others.

16 A fool is quick-tempered, but a wise person stays calm when insulted.

17 An honest witness tells the truth; a false witness tells lies.

18 Some people make cutting remarks, but the words of the wise bring healing.

19 Truthful words stand the test of time, but lies are soon exposed.

•나의 레마 노트•

20 악을 꾀하는 사람의 마음에는 속임수가 들어 있지만, 평화를 꾀하는 사람에게는 기쁨이 있다.

21 의인은 아무런 해도 입지 않지만, 악인은 재난에 파묻혀 산다.

22 주님은 거짓말을 하는 입술은 미워하시지만, 진실하게 사는 사람은 기뻐하신다.

23 슬기로운 사람은 지식을 감추어 두어도, 미련한 사람의 마음은 어리석음을 전파한다.

24 부지런한 사람의 손은 남을 다스리지만, 게으른 사람은 남의 부림을 받는다.

25 마음에 근심이 있으면 번민이 일지만, 좋은 말 한 마디로도 사람을 기쁘게 할 수 있다.

26 의인은 이웃에게 바른길을 보여 주지만, 악인은 이웃을 나쁜 길로 빠져 들게 한다.

27 게으른 사람은 사냥한 것도 불에 구우려 하지 않지만, 부지런한 사람은 귀한 재물을 얻는다.

28 의로운 사람의 길에는 생명이 있지만, 미련한 사람의 길은 죽음으로 이끈다.

20 Deceit fills hearts that are plotting evil; joy fills hearts that are planning peace!

21 No harm comes to the godly, but the wicked have their fill of trouble.

22 The Lord detests lying lips, but he delights in those who tell the truth.

23 The wise don't make a show of their knowledge, but fools broadcast their foolishness.

24 Work hard and become a leader; be lazy and become a slave.

25 Worry weighs a person down; an encouraging word cheers a person up.

26 The godly give good advice to their friends; the wicked lead them astray.

27 Lazy people don't even cook the game they catch, but the diligent make use of everything they find.

28 The way of the godly leads to life; that path does not lead to death.

• 나의 레마 노트 •

〈지혜 있는 친구를 사귀어라〉

1 지혜로운 아들딸들은 아버지의 가르침을 듣지만, 거만한 사람은 꾸지람을 듣지 않는다.

2 선한 사람은 열매 맺는 말을 하여 좋은 것을 넉넉하게 얻지만, 반역자는 폭행을 당할 뿐이다.

3 말을 조심하는 사람은 자신의 생명을 보존하지만, 입을 함부로 여는 사람은 자신을 파멸시킨다.

4 게으른 사람은 아무리 바라는 것이 있어도 얻지 못하지만, 부지런한 사람의 마음은 바라는 것을 넉넉하게 얻는다.

5 의인은 거짓말하기를 싫어하지만, 악인은 염치도 없이 수치스러운 일을 한다.

6 흠 없이 사는 사람의 의는 그의 길을 지켜 주지만, 죄인의 악은 그를 망하게 한다.

7 부자인 체하나 아무것도 없는 사람이 있는가 하면, 가난한 체하나 많은 재물을 가진 사람이 있다.

8 부유한 사람은 재물로 자기 목숨을 속하기도 하지만, 가난한 사람은 협박을 받을 일이 없다.

1 A wise child accepts a parent's discipline; a mocker refuses to listen to correction.

2 Wise words will win you a good meal, but treacherous people have an appetite for violence.

3 Those who control their tongue will have a long life; opening your mouth can ruin everything.

4 Lazy people want much but get little, but those who work hard will prosper.

5 The godly hate lies; the wicked cause shame and disgrace.

6 Godliness guards the path of the blameless, but the evil are misled by sin.

7 Some who are poor pretend to be rich; others who are rich pretend to be poor.

8 The rich can pay a ransom for their lives, but the poor won't even get threatened.

•나의 레마 노트•

9 의인의 빛은 밝게 빛나지만, 악인의 등불은 꺼져 버린다.

10 교만에서는 다툼만 일어날 뿐이다. 지혜 있는 사람은 충고를 받아들인다.

11 쉽게 얻은 재산은 줄어드나, 손수 모은 재산은 늘어난다.

12 소망이 이루어지지 않으면 마음이 병들지만, 소원이 이루어지면 생명나무를 얻는다.

13 말씀을 멸시하는 사람은 스스로 망하지만, 계명을 두려워하는 사람은 상을 받는다.

14 지혜 있는 사람의 가르침은 생명의 샘이니, 죽음의 그물에서 벗어나게 한다.

15 선한 지혜는 은혜를 베푸나, 배신자의 길은 스스로 멸망하는 길이다.

16 영리한 사람은 잘 알고 행동하지만, 미련한 사람은 어리석음만을 드러낸다.

17 못된 전령은 사람을 재앙에 빠지게 하지만, 충직한 사신은 재앙을 물리치는 일을 한다.

9 The life of the godly is full of light and joy, but the light of the wicked will be snuffed out.

10 Pride leads to conflict; those who take advice are wise.

11 Wealth from get-rich-quick schemes quickly disappears; wealth from hard work grows over time.

12 Hope deferred makes the heart sick, but a dream fulfilled is a tree of life.

13 People who despise advice are asking for trouble; those who respect a command will succeed.

14 The instruction of the wise is like a life-giving fountain; those who accept it avoid the snares of death.

15 A person with good sense is respected; a treacherous person is headed for destruction.

16 Wise people think before they act; fools don't - and even brag about their foolishness.

17 An unreliable messenger stumbles into trouble, but a reliable messenger brings healing.

•나의 레마 노트•

18 훈계를 저버리면 가난과 수치가 닥치지만, 꾸지람을 받아들이면 존경을 받는다.

19 소원이 이루어지면 마음이 즐겁지만, 미련한 사람은 악에서 떠나기를 싫어한다.

20 지혜로운 사람과 함께 다니면 지혜를 얻지만, 미련한 사람과 사귀면 해를 입는다.

21 죄인에게는 재앙이 따르지만, 의인에게는 좋은 보상이 따른다.

22 선한 사람의 유산은 자손 대대로 이어지지만, 죄인의 재산은 의인에게 주려고 쌓은 것이다.

23 가난한 사람이 경작한 밭에서는 많은 소출이 날 수도 있으나, 불의가 판을 치면 그에게 돌아갈 몫이 없다.

24 매를 아끼는 것은 자식을 사랑하지 않는 것이다. 자식을 사랑하는 사람은 훈계를 게을리하지 않는다.

25 의인은 배불리 먹지만, 악인은 배를 주린다.

18 If you ignore criticism, you will end in poverty and disgrace; if you accept correction, you will be honored.

19 It is pleasant to see dreams come true, but fools refuse to turn from evil to attain them.

20 Walk with the wise and become wise; associate with fools and get in trouble.

21 Trouble chases sinners, while blessings reward the righteous.

22 Good people leave an inheritance to their grandchildren, but the sinner's wealth passes to the godly.

23 A poor person's farm may produce much food, but injustice sweeps it all away.

24 Those who spare the rod of discipline hate their children. Those who love their children care enough to discipline them.

25 The godly eat to their hearts' content, but the belly of the wicked goes hungry.

•나의 레마 노트•

〈지혜가 주는 유익〉

1 지혜로운 여자는 집을 세우지만, 어리석은 여자는 제 손으로 집을 무너뜨린다.

2 바른길을 걷는 사람은 주님을 경외하지만, 그릇된 길을 걷는 사람은 주님을 경멸한다.

3 미련한 사람의 말은 교만하여 매를 자청하지만, 지혜로운 사람의 말은 그를 지켜 준다.

4 소가 없으면 구유는 깨끗하지만, 소가 힘을 쓰면 소출이 많아진다.

5 진실한 증인은 거짓말을 아니하여도, 거짓 증인은 거짓말을 뱉는다.

6 거만한 사람은 지혜를 구해도 얻지 못하지만, 명철한 사람은 쉽게 지식을 얻는다.

7 미련한 사람의 앞을 떠나라. 네가 그의 말에서 지식을 배우지 못할 것이다.

8 슬기로운 사람의 지혜는 자기가 가는 길을 깨닫게 하지만, 미련한 사람의 어리석음은 자기를 속인다.

9 어리석은 사람은 속죄제사를 우습게 여기지만, 정직한 사람은 하나님의 은총을 누린다.

10 마음의 고통은 자기만 알고, 마음의 기쁨도 남이 나누어 가지지 못한다.

1 A wise woman builds her home, but a foolish woman tears it down with her own hands.

2 Those who follow the right path fear the Lord; those who take the wrong path despise him.

3 A fool's proud talk becomes a rod that beats him, but the words of the wise keep them safe.

4 Without oxen a stable stays clean, but you need a strong ox for a large harvest.

5 An honest witness does not lie; a false witness breathes lies.

6 A mocker seeks wisdom and never finds it, but knowledge comes easily to those with understanding.

7 Stay away from fools, for you won't find knowledge on their lips.

8 The prudent understand where they are going, but fools deceive themselves.

9 Fools make fun of guilt, but the godly acknowledge it and seek reconciliation.

10 Each heart knows its own bitterness, and no one else can fully share its joy.

•나의 레마 노트•

11 악한 사람의 집은 망하고, 정직한 사람의 장막은 흥한다.

12 사람의 눈에는 바른길 같이 보이나, 마침내는 죽음에 이르는 길이 있다.

13 웃어도 마음이 아플 때가 있고, 즐거워도 끝에 가서 슬플 때가 있다.

14 마음이 비뚤어진 사람은 자기가 한 만큼 보응을 받고, 선한 사람도 자기가 한 만큼 보응을 받는다.

15 어수룩한 사람은 모든 말을 다 믿지만, 슬기로운 사람은 행동을 삼간다.

16 지혜 있는 사람은 두려워할 줄 알아서 악을 피하지만, 미련한 사람은 자신만만 해서 조심할 줄을 모른다.

17 성을 잘 내는 사람은 어리석은 일을 하고, 음모를 꾸미는 사람은 미움을 받는다.

18 어수룩한 사람은 어수룩함을 유산으로 삼지만, 슬기로운 사람은 지식을 면류관으로 삼는다.

11 The house of the wicked will be destroyed, but the tent of the godly will flourish.

12 There is a path before each person that seems right, but it ends in death.

13 Laughter can conceal a heavy heart, but when the laughter ends, the grief remains.

14 Backsliders get what they deserve; good people receive their reward.

15 Only simpletons believe everything they're told! The prudent carefully consider their steps.

16 The wise are cautious and avoid danger; fools plunge ahead with reckless confidence.

17 Short-tempered people do foolish things, and schemers are hated.

18 Simpletons are clothed with foolishness, but the prudent are crowned with knowledge.

•나의 레마 노트•

19 악인은 선한 사람 앞에 엎드리고, 불의한 사람은 의인의 문 앞에 엎드린다.

20 가난한 사람은 이웃에게도 미움을 받지만, 부자에게는 많은 친구가 따른다.

21 이웃을 멸시하는 사람은 죄를 짓는 사람이지만, 가난한 사람에게 은혜를 베푸는 사람은 복이 있는 사람이다.

22 악을 꾀하는 사람은 길을 잘못 가는 것이나, 선을 계획하는 사람은 인자와 진리를 얻는다.

23 모든 수고에는 이득이 있는 법이지만, 말이 많으면 가난해질 뿐이다.

24 지혜는 지혜 있는 사람의 면류관이지만 어리석음은 미련한 사람의 화환이다.

25 증인이 진실을 말하면 남의 생명을 건지지만, 증인이 위증을 하면 배신자가 된다.

26 주님을 경외하면 강한 믿음이 생기고, 그 자식들에게도 피난처가 생긴다.

27 주님을 경외하는 것이 생명의 샘이니, 죽음의 그물에서 벗어나게 한다.

28 백성이 많은 것은 왕의 영광이지만, 백성이 적은 것은 통치자의 몰락이다.

19 Evil people will bow before good people; the wicked will bow at the gates of the godly.

20 The poor are despised even by their neighbors, while the rich have many "friends."

21 It is a sin to belittle one's neighbor; blessed are those who help the poor.

22 If you plan to do evil, you will be lost; if you plan to do good, you will receive unfailing love and faithfulness.

23 Work brings profit, but mere talk leads to poverty!

24 Wealth is a crown for the wise; the effort of fools yields only foolishness.

25 A truthful witness saves lives, but a false witness is a traitor.

26 Those who fear the Lord are secure; he will be a refuge for their children.

27 Fear of the Lord is a life-giving fountain; it offers escape from the snares of death.

28 A growing population is a king's glory; a prince without subjects has nothing.

•나의 레마 노트•

29 좀처럼 성을 내지 않는 사람은 매우 명철한 사람이지만, 성미가 급한 사람은 어리석음 만을 드러낸다.

30 마음이 평안하면 몸에 생기가 도나, 질투를 하면 뼈까지 썩는다.

31 가난한 사람을 억압하는 것은 그를 지으신 분을 모욕하는 것이지만, 궁핍한 사람에게 은혜를 베푸는 것은 그를 지으신 분을 공경하는 것이다.

32 악한 사람은 자기의 악행 때문에 넘어지지만, 의로운 사람은 죽음이 닥쳐도 피할 길이 있다.

33 지혜는 명철한 사람의 마음에 머물고, 미련한 사람 마음에는 알려지지 않는다.

34 정의는 나라를 높이지만, 죄는 민족을 욕되게 한다.

35 슬기로운 신하는 왕의 총애를 받지만, 수치스러운 일을 하는 신하는 왕의 분노를 산다.

29 People with understanding control their anger; a hot temper shows great foolishness.

30 A peaceful heart leads to a healthy body; jealousy is like cancer in the bones.

31 Those who oppress the poor insult their Maker, but helping the poor honors him.

32 The wicked are crushed by disaster, but the godly have a refuge when they die.

33 Wisdom is enshrined in an understanding heart; wisdom is not found among fools.

34 Godliness makes a nation great, but sin is a disgrace to any people.

35 A king rejoices in wise servants but is angry with those who disgrace him.

•나의 레마 노트•

15

〈주님께서 보고 계신다〉

1 부드러운 대답은 분노를 가라앉히지만, 거친 말은 화를 돋운다.

2 지혜로운 사람의 혀는 좋은 지식을 베풀지만, 미련한 사람의 입은 어리석은 말만 쏟아 낸다.

3 주님의 눈은 어느 곳에서든지, 악한 사람과 선한 사람을 모두 지켜 보신다.

4 따뜻한 말은 생명나무와 같지만, 가시돋힌 말은 마음을 상하게 한다.

5 어리석은 사람은 자기 아버지의 훈계를 업신여기지만, 명철한 사람은 아버지의 책망을 간직한다.

6 의인의 집에는 많은 재물이 쌓이나, 악인의 소득은 고통을 가져 온다.

7 지혜로운 사람의 입술은 지식을 전파하지만, 미련한 사람의 마음에는 그러한 생각이 없다.

8 악한 사람의 제사는 주님께서 역겨워하시지만, 정직한 사람의 기도는 주님께서 기뻐하신다.

9 악한 사람의 길은 주님께서 싫어하시지만, 정의를 따르는 사람은 주님께서 사랑하신다.

10 옳은길을 저버리는 사람은 엄한 징계를 받고, 책망을 싫어하는 사람은 죽임을 당할 것이다.

1 A gentle answer deflects anger, but harsh words make tempers flare.

2 The tongue of the wise makes knowledge appealing, but the mouth of a fool belches out foolishness.

3 The Lord is watching everywhere, keeping his eye on both the evil and the good.

4 Gentle words are a tree of life; a deceitful tongue crushes the spirit.

5 Only a fool despises a parent's discipline; whoever learns from correction is wise.

6 There is treasure in the house of the godly, but the earnings of the wicked bring trouble.

7 The lips of the wise give good advice; the heart of a fool has none to give.

8 The Lord detests the sacrifice of the wicked, but he delights in the prayers of the upright.

9 The Lord detests the way of the wicked, but he loves those who pursue godliness.

10 Whoever abandons the right path will be severely disciplined; whoever hates correction will die.

•나의 레마 노트•

11 '죽음'과 '파멸'도 주님 앞에서 드러나거늘, 사람의 마음이야 더욱 그러하지 않겠는가!

12 거만한 사람은 자기를 책망하는 사람을 좋아하지 않으며, 지혜 있는 사람을 찾아가지도 않는다.

13 즐거운 마음은 얼굴을 밝게 하지만, 근심하는 마음은 너를 상하게 한다.

14 명철한 사람의 마음은 지식을 찾지만, 미련한 사람의 입은 어리석음을 즐긴다.

15 고난받는 사람에게는 모든 날이 다 불행한 날이지만, 마음이 즐거운 사람에게는 모든 날이 잔칫날이다.

16 재산이 적어도 주님을 경외하며 사는 것이, 재산이 많아서 다투며 사는 것보다 낫다.

17 서로 사랑하며 채소를 먹고 사는 것이, 서로 미워하며 기름진 쇠고기를 먹고 사는 것보다 낫다.

18 화를 쉽게 내는 사람은 다툼을 일으키지만, 성을 더디 내는 사람은 싸움을 그치게 한다.

19 게으른 사람의 길은 가시덤불로 덮여 있는 것 같지만, 부지런한 사람의 길은 확 트인 큰길과 같다.

20 지혜로운 아들은 아버지를 기쁘게 하지만, 미련한 아들은 어머니를 업신여긴다.

21 생각이 모자라는 사람은 미련함을 즐기지만, 명철한 사람은 길을 바로 걷는다.

11 Even Death and Destruction hold no secrets from the Lord. How much more does he know the human heart!

12 Mockers hate to be corrected, so they stay away from the wise.

13 A glad heart makes a happy face; a broken heart crushes the spirit.

14 A wise person is hungry for knowledge, while the fool feeds on trash.

15 For the despondent, every day brings trouble; for the happy heart, life is a continual feast.

16 Better to have little, with fear for the Lord, than to have great treasure and inner turmoil.

17 A bowl of vegetables with someone you love is better than steak with someone you hate.

18 A hot-tempered person starts fights; a cool-tempered person stops them.

19 A lazy person's way is blocked with briers, but the path of the upright is an open highway.

20 Sensible children bring joy to their father; foolish children despise their mother.

21 Foolishness brings joy to those with no sense; a sensible person stays on the right path.

•나의 레마 노트•

22 의논 없이 세워진 계획은 실패하지만, 조언자들이 많으면 그 계획이 이루어진다.

23 적절한 대답은 사람을 기쁘게 하니, 알맞은 말이 제때에 나오면 참 즐겁다.

24 슬기로운 사람이 걷는 생명의 길은 위쪽으로 나 있어서, 아래로 난 스올 길을 벗어난다.

25 주님은 거만한 사람의 집을 헐어 버리시지만, 과부가 사는 곳의 경계선은 튼튼히 세 워 주신다.

26 악한 사람의 꾀는 주님께서 역겨워하시지만, 친절한 사람의 말은 정결한 제물처럼 받 으신다.

27 불의한 이익을 탐내는 사람은 자기 집에 해를 끼치지만, 뇌물을 거절하는 사람은 오래 산다.

28 의인의 마음은 대답할 말을 깊이 생각하지만, 악인의 입은 악한 말을 쏟아낸다.

29 주님은 악인을 멀리하시지만, 의인의 기도는 들어주신다.

30 밝은 얼굴은 사람을 기쁘게 하고, 좋은 소식은 사람을 낫게 한다.

31 목숨을 살리는 책망에 귀 기울이는 사람은 지혜로운 사람들 사이에 자리를 잡는다.

32 훈계를 싫어하는 사람은 자기 생명을 가볍게 여기는 사람이지만, 책망을 잘 듣는 사람 은 지식을 얻는 사람이다.

33 주님을 경외하라는 것은 지혜가 주는 훈계이다. 겸손하면 영광이 따른다.

22 Plans go wrong for lack of advice; many advisers bring success.

23 Everyone enjoys a fitting reply; it is wonderful to say the right thing at the right time!

24 The path of life leads upward for the wise; they leave the grave behind.

25 The Lord tears down the house of the proud, but he protects the property of widows.

26 The Lord detests evil plans, but he delights in pure words.

27 Greed brings grief to the whole family, but those who hate bribes will live.

28 The heart of the godly thinks carefully before speaking; the mouth of the wicked overflows with evil words.

29 The Lord is far from the wicked, but he hears the prayers of the righteous.

30 A cheerful look brings joy to the heart; good news makes for good health.

31 If you listen to constructive criticism, you will be at home among the wise.

32 If you reject discipline, you only harm yourself; but if you listen to correction, you grow in understanding.

33 Fear of the Lord teaches wisdom; humility precedes honor.

•나의 레마 노트•

〈주님께서 결정하신다〉

1 계획은 사람이 세우지만, 결정은 주님께서 하신다.

2 사람의 행위는 자기 눈에는 모두 깨끗하게 보이나, 주님께서는 속마음을 꿰뚫어 보신다.

3 네가 하는 일을 주님께 맡기면, 계획하는 일이 이루어질 것이다.

4 주님께서는 모든 것을 그 쓰임에 알맞게 만드셨으니, 악인은 재앙의 날에 쓰일 것이다.

5 주님께서는 마음이 거만한 모든 사람을 역겨워하시니, 그들은 틀림없이 벌을 받을 것이다.

6 사람이 어질고 진실하게 살면 죄를 용서받고, 주님을 경외하면 재앙을 피할 수 있다.

7 사람의 행실이 주님을 기쁘시게 하면, 그의 원수라도 그와 화목하게 하여 주신다.

8 의롭게 살며 적게 버는 것이, 불의하게 살며 많이 버는 것보다 낫다.

9 사람이 마음으로 자기의 앞길을 계획하지만, 그 발걸음을 인도하시는 분은 주님이시다.

10 왕이 내리는 판결은 하나님의 판결이니, 판결할 때에 그릇된 판결을 내리지 않는다.

11 정확한 저울과 천평은 주님의 것이며, 주머니 속의 저울추도 다 그분이 만드신 것이다.

12 왕은 악행을 하는 것을 역겨워하여야 한다. 공의로만 왕위가 굳게 설 수 있기 때문이다.

1 We can make our own plans, but the Lord gives the right answer.

2 People may be pure in their own eyes, but the Lord examines their motives.

3 Commit your actions to the Lord, and your plans will succeed.

4 The Lord has made everything for his own purposes, even the wicked for a day of disaster.

5 The Lord detests the proud; they will surely be punished.

6 Unfailing love and faithfulness make atonement for sin. By fearing the Lord, people avoid evil.

7 When people's lives please the Lord, even their enemies are at peace with them.

8 Better to have little, with godliness, than to be rich and dishonest.

9 We can make our plans, but the Lord determines our steps.

10 The king speaks with divine wisdom; he must never judge unfairly.

11 The Lord demands accurate scales and balances; he sets the standards for fairness.

12 A king detests wrongdoing, for his rule is built on justice.

•나의 레마 노트•

13 왕은 공의로운 말을 하는 것을 기쁘게 여겨야 하고, 올바른 말하기를 좋아하여야 한다.

14 왕의 진노는 저승사자와 같지만, 지혜로운 사람은 왕의 진노를 가라앉힌다.

15 왕의 얼굴빛이 밝아야 모두 살 수 있다. 그의 기쁨은 봄비를 몰고 오는 구름과 같다.

16 지혜를 얻는 것이 금을 얻는 것보다 낫고, 명철을 얻는 것이 은을 얻는 것보다 낫다.

17 악을 떠나는 것은 정직한 사람이 가는 큰길이니, 그 길을 지키는 사람은 자기의 생명을 지킨다.

18 교만에는 멸망이 따르고, 거만에는 파멸이 따른다.

19 겸손한 사람과 어울려 마음을 낮추는 것이, 거만한 사람과 어울려 전리품을 나누는 것보다 낫다.

20 말씀에 따라 조심하며 사는 사람은 일이 잘 되고, 주님을 믿는 사람은 행복하다.

21 마음이 지혜로운 사람을 명철하다 한다. 말이 부드러우면, 더욱 많은 지혜를 가르친다.

22 명철한 사람에게는 그 명철함이 생명의 샘이 되지만, 어리석은 사람에게는 그 어리석음이 벌이 된다.

13 The king is pleased with words from righteous lips; he loves those who speak honestly.

14 The anger of the king is a deadly threat; the wise will try to appease it.

15 When the king smiles, there is life; his favor refreshes like a spring rain.

16 How much better to get wisdom than gold, and good judgment than silver!

17 The path of the virtuous leads away from evil; whoever follows that path is safe.

18 Pride goes before destruction, and haughtiness before a fall.

19 Better to live humbly with the poor than to share plunder with the proud.

20 Those who listen to instruction will prosper; those who trust the Lord will be joyful.

21 The wise are known for their understanding, and pleasant words are persuasive.

22 Discretion is a life-giving fountain to those who possess it, but discipline is wasted on fools.

•나의 레마 노트•

23 마음이 지혜로운 사람은 말을 신중하게 하고, 하는 말에 설득력이 있다.

24 선한 말은 꿀송이 같아서, 마음을 즐겁게 하여 주고, 쑤시는 뼈를 낫게 하여 준다.

25 사람의 눈에는 바른길 같이 보이나, 마침내는 죽음에 이르는 길이 있다.

26 허기진 배가 일하게 만들고 그 입이 사람을 몰아세운다.

27 불량한 사람은 악을 꾀한다. 그들의 말은 맹렬한 불과 같다.

28 비뚤어진 말을 하는 사람은 다툼을 일으키고, 중상하는 사람은 친한 벗들을 이간시킨다.

29 폭력을 쓰는 사람은 그 이웃을 윽박질러서, 좋지 않은 길을 가게 한다.

30 눈짓을 하는 사람은 그릇된 일을 꾀하고, 음흉하게 웃는 사람은 악한 일을 저지른다.

31 백발은 영화로운 면류관이니, 의로운 길을 걸어야 그것을 얻는다.

32 노하기를 더디 하는 사람은 용사보다 낫고, 자기의 마음을 다스리는 사람은 성을 점령한 사람보다 낫다.

33 제비는 사람이 뽑지만, 결정은 주님께서 하신다.

23 From a wise mind comes wise speech; the words of the wise are persuasive.

24 Kind words are like honey - sweet to the soul and healthy for the body.

25 There is a path before each person that seems right, but it ends in death.

26 It is good for workers to have an appetite; an empty stomach drives them on.

27 Scoundrels create trouble; their words are a destructive blaze.

28 A troublemaker plants seeds of strife; gossip separates the best of friends.

29 Violent people mislead their companions, leading them down a harmful path.

30 With narrowed eyes, people plot evil; with a smirk, they plan their mischief.

31 Gray hair is a crown of glory; it is gained by living a godly life.

32 Better to be patient than powerful; better to have self-control than to conquer a city.

33 We may throw the dice, but the Lord determines how they fall.

•나의 레마 노트•

〈주님께서 우리의 생각을 살피신다〉

1 마른 빵 한 조각을 먹으며 화목하게 지내는 것이, 진수성찬을 가득히 차린 집에서 다투며 사는 것보다 낫다.

2 슬기로운 종은 부끄러운 일을 하는 주인집 아들을 다스리고, 그 집 자녀들과 함께 유산을 나누어 받는다.

3 도가니는 은을, 화덕은 금을 단련하지만, 주님께서는 사람의 마음을 단련하신다.

4 악을 행하는 사람은 사악한 말에 솔깃하고, 거짓말을 하는 사람은 중상하는 말에 귀를 기울인다.

5 가난한 사람을 조롱하는 것은 그를 지으신 분을 모욕하는 것이다. 남의 재앙을 기뻐하는 사람은 형벌을 면하지 못한다.

6 손자는 노인의 면류관이요, 어버이는 자식의 영광이다.

7 거만한 말이 미련한 사람에게는 안 어울린다. 하물며 거짓말이 통치자에게 어울리겠느냐?

8 뇌물을 쓰는 사람의 눈에는 뇌물이 요술방망이처럼 보인다. 어디에 쓰든 안 되는 일이 없다.

1 Better a dry crust eaten in peace than a house filled with feasting - and conflict.

2 A wise servant will rule over the master's disgraceful son and will share the inheritance of the master's children.

3 Fire tests the purity of silver and gold, but the Lord tests the heart.

4 Wrongdoers eagerly listen to gossip; liars pay close attention to slander.

5 Those who mock the poor insult their Maker; those who rejoice at the misfortune of others will be punished.

6 Grandchildren are the crowning glory of the aged; parents are the pride of their children.

7 Eloquent words are not fitting for a fool; even less are lies fitting for a ruler.

8 A bribe is like a lucky charm; whoever gives one will prosper!

•나의 레마 노트•

9 허물을 덮어 주면 사랑을 받고, 허물을 거듭 말하면 친구를 갈라놓는다.

10 미련한 사람을 백 번 매질하는 것보다 슬기로운 사람을 한 번 징계하는 것이 더 효과가 있다.

11 반역만을 꾀하는 악한 사람은 마침내 잔인한 사신의 방문을 받는다.

12 어리석은 일을 하는 미련한 사람을 만나느니, 차라리 새끼 빼앗긴 암곰을 만나라.

13 악으로 선을 갚으면, 그의 집에서 재앙이 떠나지 않는다.

14 다툼의 시작은 둑에서 물이 새어 나오는 것과 같으니, 싸움은 일어나기 전에 그만두어라.

15 악인을 의롭다고 하거나, 의인을 악하다고 하는 것은, 둘 다 주님께서 싫어하신다.

16 미련한 사람의 손에 돈이 있은들, 배울 마음이 없으니 어찌 지혜를 얻겠느냐?

17 사랑이 언제나 끊어지지 않는 것이 친구이고, 고난을 함께 나누도록 태어난 것이 혈육이다.

18 지각 없는 사람 서약 함부로 하고, 남의 빚 보증 잘 선다.

9 Love prospers when a fault is forgiven, but dwelling on it separates close friends.

10 A single rebuke does more for a person of understanding than a hundred lashes on the back of a fool.

11 Evil people are eager for rebellion, but they will be severely punished.

12 It is safer to meet a bear robbed of her cubs than to confront a fool caught in foolishness.

13 If you repay good with evil, evil will never leave your house.

14 Starting a quarrel is like opening a floodgate, so stop before a dispute breaks out.

15 Acquitting the guilty and condemning the innocent - both are detestable to the Lord.

16 It is senseless to pay tuition to educate a fool, since he has no heart for learning.

17 A friend is always loyal, and a brother is born to help in time of need.

18 It's poor judgment to guarantee another person's debt or put up security for a friend.

•나의 레마 노트•

19 벌받기를 좋아하는 사람은 싸우기를 좋아한다. 패가망신을 원하는 사람은 집을 치장하기를 좋아한다.

20 마음이 비뚤어진 사람은 복을 얻지 못하고, 거짓말만 하는 혀를 가진 사람은 재앙에 빠진다.

21 미련한 자식을 둔 부모는 걱정이 그칠 새가 없고, 어리석은 자식을 둔 부모는 기쁨이 없다.

22 즐거운 마음은 병을 낫게 하지만, 근심하는 마음은 뼈를 마르게 한다.

23 악인은 가슴에 안겨 준 뇌물을 먹고서, 재판을 그르친다.

24 슬기로운 사람의 눈은 지혜를 가까이에서 찾지만, 미련한 사람은 눈을 땅 끝에 둔다.

25 미련한 자식은 아버지의 근심이고, 어머니의 고통이다.

26 의로운 사람을 벌주는 것은 옳은일이 아니다. 존귀한 사람을 정직하다고 하여 때리는 것도 바른일이 아니다.

27 아는 것이 많은 사람은 말을 삼가고, 슬기로운 사람은 정신이 냉철하다.

28 어리석은 사람도 조용하면 지혜로워 보이고, 입술을 다물고 있으면 슬기로워 보인다.

19 Anyone who loves to quarrel loves sin; anyone who trusts in high walls invites disaster.

20 The crooked heart will not prosper; the lying tongue tumbles into trouble.

21 It is painful to be the parent of a fool; there is no joy for the father of a rebel.

22 A cheerful heart is good medicine, but a broken spirit saps a person's strength.

23 The wicked take secret bribes to pervert the course of justice.

24 Sensible people keep their eyes glued on wisdom, but a fool's eyes wander to the ends of the earth.

25 Foolish children bring grief to their father and bitterness to the one who gave them birth.

26 It is wrong to punish the godly for being good or to flog leaders for being honest.

27 A truly wise person uses few words; a person with understanding is even-tempered.

28 Even fools are thought wise when they keep silent; with their mouths shut, they seem intelligent.

•나의 레마 노트•

〈죄를 옹호하는 것은 잘못이다〉

1 다른 사람과 어울리지 못하는 사람은 자기 욕심만 채우려 하고, 건전한 판단력을 가진 사람을 적대시한다.

2 미련한 사람은 명철을 좋아하지 않으며, 오직 자기 의견만을 내세운다.

3 악한 사람이 오면 멸시가 뒤따르고, 부끄러운 일 뒤에는 모욕이 따른다.

4 슬기로운 사람의 입에서 나오는 말은 깊은 물과 같고, 지혜의 샘은 세차게 흐르는 강처럼 솟는다.

5 악인을 두둔하는 것과 재판에서 의인을 억울하게 하는 일은 옳지 않다.

6 미련한 사람의 입술은 다툼을 일으키고, 그 입은 매를 불러들인다.

7 미련한 사람의 입은 자기를 망하게 만들고, 그 입술은 올무가 되어 자신을 옭아맨다.

8 헐뜯기를 잘하는 사람의 말은 맛있는 음식과 같아서, 뱃속 깊은 데로 내려간다.

1 Unfriendly people care only about themselves; they lash out at common sense.

2 Fools have no interest in understanding; they only want to air their own opinions.

3 Doing wrong leads to disgrace, and scandalous behavior brings contempt.

4 Wise words are like deep waters; wisdom flows from the wise like a bubbling brook.

5 It is not right to acquit the guilty or deny justice to the innocent.

6 Fools' words get them into constant quarrels; they are asking for a beating.

7 The mouths of fools are their ruin; they trap themselves with their lips.

8 Rumors are dainty morsels that sink deep into one's heart.

115

9 자기 일을 게을리하는 자는, 일을 망치는 자와 형제간이다.

10 주님의 이름은 견고한 성루이므로, 의인이 그 곳으로 달려가면, 아무도 뒤쫓지 못한다.

11 부자의 재산은 그의 견고한 성이 되니, 그는 그것을 아무도 못 오를 높은 성벽처럼 여긴다.

12 사람의 마음이 오만하면 멸망이 뒤따르지만, 겸손하면 영광이 뒤따른다.

13 다 들어 보지도 않고 대답하는 것은, 수모를 받기에 알맞은 어리석은 짓이다.

14 사람이 정신으로 병을 이길 수 있다지만, 그 정신이 꺾인다면, 누가 그를 일으킬 수 있겠느냐?

15 명철한 사람의 마음은 지식을 얻고, 지혜로운 사람의 귀는 지식을 구한다.

16 선물은 사람이 가는 길을 넓게 열어 주고, 그를 높은 사람 앞으로 이끌어 준다.

17 송사에서는 먼저 말하는 사람이 옳은 것 같으나, 상대방이 와 보아야 사실이 밝혀진다.

18 제비를 뽑으면 다툼이 끝나고, 강한 사람들 사이의 논쟁이 판가름 난다.

9 A lazy person is as bad as someone who destroys things.

10 The name of the Lord is a strong fortress; the godly run to him and are safe.

11 The rich think of their wealth as a strong defense; they imagine it to be a high wall of safety.

12 Haughtiness goes before destruction; humility precedes honor.

13 Spouting off before listening to the facts is both shameful and foolish.

14 The human spirit can endure a sick body, but who can bear a crushed spirit?

15 Intelligent people are always ready to learn. Their ears are open for knowledge.

16 Giving a gift can open doors; it gives access to important people!

17 The first to speak in court sounds right - until the cross-examination begins.

18 Flipping a coin can end arguments; it settles disputes between powerful opponents.

•나의 레마 노트•

19 노엽게 한 친척과 가까워지기는 견고한 성을 함락시키는 것보다 어려우니, 그 다툼은 마치 꺾이지 않는 성문의 빗장과 같다.

20 사람의 입에서 나오는 말의 열매가 사람의 배를 채워 주고, 그 입술에서 나오는 말의 결과로 만족하게 된다.

21 죽고 사는 것이 혀의 힘에 달렸으니, 혀를 잘 쓰는 사람은 그 열매를 먹는다.

22 아내를 맞이한 사람은 복을 찾은 사람이요, 주님으로부터 은총을 받은 사람이다.

23 가난한 사람은 간절한 말로 구걸하지만, 부유한 사람은 엄한 말로 대답한다.

24 친구를 많이 둔 사람은 해를 입기도 하지만 동기간보다 더 가까운 친구도 있다.

19 An offended friend is harder to win back than a fortified city. Arguments separate friends like a gate locked with bars.

20 Wise words satisfy like a good meal; the right words bring satisfaction.

21 The tongue can bring death or life; those who love to talk will reap the consequences.

22 The man who finds a wife finds a treasure, and he receives favor from the Lord.

23 The poor plead for mercy; the rich answer with insults.

24 There are "friends" who destroy each other, but a real friend sticks closer than a brother.

•나의 레마 노트•

〈참는 것이 지혜〉

1 거짓말을 하며 미련하게 사는 사람보다는, 가난해도 흠 없이 사는 사람이 낫다.

2 지식이 없는 열심은 좋은 것이라 할 수 없고, 너무 서둘러도 발을 헛디딘다.

3 사람은 미련해서 스스로 길을 잘못 들고도, 마음 속으로 주님을 원망한다.

4 재물은 친구를 많이 모으나, 궁핍하면 친구도 떠난다.

5 거짓 증인은 벌을 피할 수 없고, 거짓말을 하는 사람도 벌을 피할 길이 없다.

6 너그럽게 주는 사람에게는 은혜 입기를 원하는 사람이 많고, 선물을 잘 주는 사람에게는 모두가 친구이다.

7 가난하면 친척도 그를 싫어하는데, 하물며 친구가 그를 멀리하지 않겠느냐? 뒤따라가며 말을 붙이려 하여도, 아무런 소용이 없다.

8 지혜를 얻는 사람은 자기 영혼을 사랑하고, 명철을 지키는 사람은 복을 얻는다.

9 거짓 증인은 벌을 피할 수 없고, 거짓말을 하는 사람은 망하고 만다.

1 Better to be poor and honest than to be dishonest and a fool.

2 Enthusiasm without knowledge is no good; haste makes mistakes.

3 People ruin their lives by their own foolishness and then are angry at the Lord.

4 Wealth makes many "friends"; poverty drives them all away.

5 A false witness will not go unpunished, nor will a liar escape.

6 Many seek favors from a ruler; everyone is the friend of a person who gives gifts!

7 The relatives of the poor despise them; how much more will their friends avoid them! Though the poor plead with them, their friends are gone.

8 To acquire wisdom is to love oneself; people who cherish understanding will prosper.

9 A false witness will not go unpunished, and a liar will be destroyed.

•나의 레마 노트•

10 미련한 사람이 사치스럽게 사는 것도 마땅하지 않은데, 하물며 종이 고관들을 다스리는 것이랴?

11 노하기를 더디 하는 것은 사람의 슬기요, 허물을 덮어 주는 것은 그의 영광이다.

12 왕의 분노는 사자가 소리지르는 것과 같고, 그의 은혜는 풀 위에 내리는 이슬과 같다.

13 미련한 아들은 아버지에게 파멸을 가져다 주고, 다투기를 잘하는 아내는 새는 천장에서 떨어지는 물과 같다.

14 집과 재물은 조상에게서 물려받은 유산이지만, 슬기로운 아내는 주님께서 주신다.

15 게으른 사람은 깊은 잠에 빠지고, 나태한 사람은 굶주릴 것이다.

16 계명을 지키는 사람은 제 목숨을 지키지만, 자기 행실을 주의하지 않는 사람은 죽는다.

17 가난한 사람에게 은혜를 베푸는 것은 주님께 꾸어드리는 것이니, 주님께서 그 선행을 넉넉하게 갚아 주신다.

18 네 아들을 훈계하여라. 그래야 희망이 있다. 그러나 그를 죽일 생각은 품지 말아야 한다.

19 성격이 불 같은 사람은 벌을 받는다. 네가 그를 구하여 준다고 해도 그 때뿐, 구하여 줄 일이 또 생길 것이다.

10 It isn't right for a fool to live in luxury or for a slave to rule over princes!

11 Sensible people control their temper; they earn respect by overlooking wrongs.

12 The king's anger is like a lion's roar, but his favor is like dew on the grass.

13 A foolish child is a calamity to a father; a quarrelsome wife is as annoying as constant dripping.

14 Fathers can give their sons an inheritance of houses and wealth, but only the Lord can give an understanding wife.

15 Lazy people sleep soundly, but idleness leaves them hungry.

16 Keep the commandments and keep your life; despising them leads to death.

17 If you help the poor, you are lending to the Lord - and he will repay you!

18 Discipline your children while there is hope. Otherwise you will ruin their lives.

19 Hot-tempered people must pay the penalty. If you rescue them once, you will have to do it again.

•나의 레마 노트•

20 충고를 듣고 훈계를 받아들여라. 그리하면 마침내 지혜롭게 된다.

21 사람의 마음에 많은 계획이 있어도, 성취되는 것은 오직 주님의 뜻뿐이다.

22 사람에게서 바랄 것은 성실이다. 거짓말쟁이가 되느니, 차라리 가난뱅이가 되는 것이 낫다.

23 주님을 경외하며 살면 생명을 얻는다. 그는 만족스러운 생활을 하며, 재앙을 만나지 않는다.

24 게으른 사람은 밥그릇에 손을 대고서도, 입에 떠 넣기를 귀찮아한다.

25 오만한 사람을 치면, 어수룩한 사람도 깨닫는다. 명철한 사람을 꾸짖으면, 그가 지식을 얻는다.

26 아버지를 구박하고 어머니를 쫓아내는 자식은, 부끄러움과 수치를 끌어들이는 자식이다.

27 아이들아, 지식의 말씀에서 벗어나게 하는 훈계는 듣지 말아라.

28 악한 증인은 정의를 비웃고, 악인의 입은 죄악을 통째로 삼킨다.

29 오만한 사람에게는 심판이 준비되어 있고, 미련한 사람의 등에는 매가 준비되어 있다.

20 Get all the advice and instruction you can, so you will be wise the rest of your life.

21 You can make many plans, but the Lord's purpose will prevail.

22 Loyalty makes a person attractive. It is better to be poor than dishonest.

23 Fear of the Lord leads to life, bringing security and protection from harm.

24 Lazy people take food in their hand but don't even lift it to their mouth.

25 If you punish a mocker, the simpleminded will learn a lesson; if you correct the wise, they will be all the wiser.

26 Children who mistreat their father or chase away their mother are an embarrassment and a public disgrace.

27 If you stop listening to instruction, my child, you will turn your back on knowledge.

28 A corrupt witness makes a mockery of justice; the mouth of the wicked gulps down evil.

29 Punishment is made for mockers, and the backs of fools are made to be beaten.

•나의 레마 노트•

〈금보다 귀한 지혜〉

1 포도주는 사람을 거만하게 만들고, 독한 술은 사람을 소란스럽게 만든다. 이것에 빠지는 사람은 누구든지 지혜롭지 않다.

2 왕의 노여움은 사자의 부르짖음과 같으니, 그를 노하게 하면 목숨을 잃는다.

3 다툼을 멀리하는 것이 자랑스러운 일인데도, 어리석은 사람은 누구나 쉽게 다툰다.

4 게으른 사람은 제 철에 밭을 갈지 않으니, 추수 때에 거두려고 하여도 거둘 것이 없다.

5 사람의 생각은 깊은 물과 같지만, 슬기로운 사람은 그것을 길어 낸다.

6 스스로를 성실하다고 말하는 사람은 많으나, 누가 참으로 믿을 만한 사람을 만날 수 있느냐?

7 의인은 흠 없이 살며, 그의 자손이 복을 받는다.

8 재판석에 앉은 왕은 모든 악을 한눈에 가려낸다.

9 누가 "나는 마음이 깨끗하다. 나는 죄를 말끔히 씻었다" 하고 말할 수 있겠느냐?

10 규격에 맞지 않은 저울추와 되는 모두 주님께서 미워하시는 것이다.

1 Wine produces mockers; alcohol leads to brawls. Those led astray by drink cannot be wise.

2 The king's fury is like a lion's roar; to rouse his anger is to risk your life.

3 Avoiding a fight is a mark of honor; only fools insist on quarreling.

4 Those too lazy to plow in the right season will have no food at the harvest.

5 Though good advice lies deep within the heart, a person with understanding will draw it out.

6 Many will say they are loyal friends, but who can find one who is truly reliable?

7 The godly walk with integrity; blessed are their children who follow them.

8 When a king sits in judgment, he weighs all the evidence, distinguishing the bad from the good.

9 Who can say, "I have cleansed my heart; I am pure and free from sin"?

10 False weights and unequal measures - the Lord detests double standards of every kind.

•나의 레마 노트•

11 비록 아이라 하여도 자기 행위로 사람됨을 드러낸다. 그가 하는 행실을 보면, 그가 깨 끗한지 더러운지, 올바른지 그른지, 알 수 있다.

12 듣는 귀와 보는 눈, 이 둘은 다 주님께서 지으셨다.

13 가난하지 않으려면 잠을 좋아하지 말고, 먹거리를 풍족히 얻으려면 깨어 있어라.

14 물건을 고를 때는 "나쁘다, 나쁘다" 하지만, 사 간 다음에는 잘 샀다고 자랑한다.

15 세상에 금도 있고 진주도 많이 있지만, 정말 귀한 보배는 지각 있게 말하는 입이다.

16 남의 보증을 선 사람은 자기의 옷을 잡혀야 하고, 모르는 사람의 보증을 선 사람은 자 기의 몸을 잡혀야 한다.

17 사람들은 속여서 얻은 빵이 맛있다고 하지만, 훗날에 그 입에 모래가 가득 찰 것이다.

18 계획은 사람들의 뜻을 모아서 세우고, 전쟁은 전략을 세워 놓고 하여라.

19 험담하며 돌아다니는 사람은 남의 비밀을 새게 하는 사람이니, 입을 벌리고 다니는 사 람과는 어울리지 말아라.

11 Even children are known by the way they act, whether their conduct is pure, and whether it is right.

12 Ears to hear and eyes to see - both are gifts from the Lord.

13 If you love sleep, you will end in poverty. Keep your eyes open, and there will be plenty to eat!

14 The buyer haggles over the price, saying, "It's worthless," then brags about getting a bargain!

15 Wise words are more valuable than much gold and many rubies.

16 Get security from someone who guarantees a stranger's debt. Get a deposit if he does it for foreigners.

17 Stolen bread tastes sweet, but it turns to gravel in the mouth.

18 Plans succeed through good counsel; don't go to war without wise advice.

19 A gossip goes around telling secrets, so don't hang around with chatterers.

•나의 레마 노트•

20 부모를 저주하는 자식은 암흑 속에 있을 때에 등불이 꺼진다.

21 처음부터 빨리 모은 재산은 행복하게 끝을 맺지 못한다.

22 "악을 갚겠다" 하지 말아라. 주님을 기다리면, 그분이 너를 구원하신다.

23 규격에 맞지 않은 저울추는 주님께서 미워하신다. 속이는 저울은 나쁜 것이다.

24 사람의 발걸음은 주님으로 말미암은 것이니 사람이 어찌 자기의 길을 알 수 있겠느냐!

25 경솔하게 "이것은 거룩하다" 하여 함부로 서원하여 놓고, 나중에 생각이 달라지는 것은, 사람이 걸리기 쉬운 올가미이다.

26 지혜로운 왕은 악인을 키질하며, 그들 위에 타작기의 바퀴를 굴린다.

27 주님은 사람의 영혼을 환히 비추시고, 사람의 마음 속 깊은 곳까지 살펴보신다.

28 인자와 진리가 왕을 지켜 주고, 정의가 그의 보좌를 튼튼하게 한다.

29 젊은이의 자랑은 힘이요, 노인의 영광은 백발이다.

30 상처가 나도록 때려야 악이 없어진다. 매는 사람의 속 깊은 곳까지 들어간다.

20 If you insult your father or mother, your light will be snuffed out in total darkness.

21 An inheritance obtained too early in life is not a blessing in the end.

22 Don't say, "I will get even for this wrong." Wait for the Lord to handle the matter.

23 The Lord detests double standards; he is not pleased by dishonest scales.

24 The Lord directs our steps, so why try to understand everything along the way?

25 Don't trap yourself by making a rash promise to God and only later counting the cost.

26 A wise king scatters the wicked like wheat, then runs his threshing wheel over them.

27 The Lord's light penetrates the human spirit, exposing every hidden motive.

28 Unfailing love and faithfulness protect the king; his throne is made secure through love.

29 The glory of the young is their strength; the gray hair of experience is the splendor of the old.

30 Physical punishment cleanses away evil; such discipline purifies the heart.

•나의 레마 노트•

〈주님께서 이끄신다〉

1 왕의 마음은 흐르는 물줄기 같아서 주님의 손 안에 있다. 주님께서 원하시는 대로 왕을 이끄신다.

2 사람의 행위는 자기의 눈에는 모두 옳게 보이나, 주님께서는 그 마음을 꿰뚫어 보신다.

3 주님께서는 정의와 공평을 지키며 사는 것을 제사를 드리는 일보다 더 반기신다.

4 거만한 눈과 오만한 마음, 이러한 죄는 악인을 구별하는 표지이다.

5 부지런한 사람의 계획은 반드시 이득을 얻지만, 성급한 사람은 가난해질 뿐이다.

6 속여서 모은 재산은, 너를 죽음으로 몰아넣고, 안개처럼 사라진다.

7 악인의 폭력은 자신을 멸망으로 이끄니, 그가 바르게 살기를 거부하기 때문이다.

8 죄인의 길은 구부러졌지만, 깨끗한 사람의 행실은 올바르다.

9 다투기를 좋아하는 여자와 넓은 집에서 함께 사는 것보다, 차라리 다락 한 구석에서 혼자 사는 것이 더 낫다.

10 악인은 마음에 악한 것만을 바라니, 가까운 이웃에게도 은혜를 베풀지 못한다.

1 The king's heart is like a stream of water directed by the Lord; he guides it wherever he pleases.

2 People may be right in their own eyes, but the Lord examines their heart.

3 The Lord is more pleased when we do what is right and just than when we offer him sacrifices.

4 Haughty eyes, a proud heart, and evil actions are all sin.

5 Good planning and hard work lead to prosperity, but hasty shortcuts lead to poverty.

6 Wealth created by a lying tongue is a vanishing mist and a deadly trap.

7 The violence of the wicked sweeps them away, because they refuse to do what is just.

8 The guilty walk a crooked path; the innocent travel a straight road.

9 It's better to live alone in the corner of an attic than with a quarrelsome wife in a lovely home.

10 Evil people desire evil; their neighbors get no mercy from them.

•나의 레마 노트•

11 오만한 사람이 벌을 받으면 어수룩한 사람이 깨닫고, 지혜로운 사람이 책망을 받으면 지식을 더 얻는다.

12 의로우신 하나님은 악인의 집을 주목하시고, 그를 재앙에 빠지게 하신다.

13 가난한 사람의 부르짖음에 귀를 막으면, 자기가 부르짖을 때에 아무도 대답하지 않는다.

14 은밀하게 주는 선물은 화를 가라앉히고, 품 속에 넣어 주는 뇌물은 격한 분노를 가라앉힌다.

15 정의가 실현될 때에, 의인은 기뻐하고, 악인은 절망한다.

16 슬기로운 길에서 빗나가는 사람은 죽은 사람들과 함께 쉬게 될 것이다.

17 향락을 좋아하는 사람은 가난하게 되고, 술과 기름을 좋아하는 사람도 부자가 되지 못한다.

18 악인은 의로운 사람 대신에 치르는 몸값이 되고, 사기꾼은 정직한 사람 대신에 치르는 몸값이 된다.

19 다투며 성내는 아내와 함께 사는 것보다, 광야에서 혼자 사는 것이 더 낫다.

20 지혜 있는 사람의 집에는 값진 보물과 기름이 있지만, 미련한 사람은 그것을 모두 탕진하여 버린다.

11 If you punish a mocker, the simpleminded become wise; if you instruct the wise, they will be all the wiser.

12 The Righteous One knows what is going on in the homes of the wicked; he will bring disaster on them.

13 Those who shut their ears to the cries of the poor will be ignored in their own time of need.

14 A secret gift calms anger; a bribe under the table pacifies fury.

15 Justice is a joy to the godly, but it terrifies evildoers.

16 The person who strays from common sense will end up in the company of the dead.

17 Those who love pleasure become poor; those who love wine and luxury will never be rich.

18 The wicked are punished in place of the godly, and traitors in place of the honest.

19 It's better to live alone in the desert than with a quarrelsome, complaining wife.

20 The wise have wealth and luxury, but fools spend whatever they get.

•나의 레마 노트•

21 정의와 신의를 좇아서 살면, 생명과 번영과 영예를 얻는다.

22 지혜로운 사람은 용사들이 지키는 성에 올라가서, 그들이 든든히 믿는 요새도 무너뜨린다.

23 입과 혀를 지킬 수 있는 사람은, 역경 속에서도 자기의 목숨을 지킬 수 있다.

24 교만하고 건방진 사람을 오만한 자라고 하는데, 그런 사람은 우쭐대며 무례하게 행동한다.

25 게으른 사람의 욕심이 스스로를 죽이기까지 하는 것은, 어떠한 일도 제 손으로 하기를 싫어하기 때문이다.

26 악인은 온종일 탐하기만 하지만, 의인은 아끼지 않고 나누어 준다.

27 악인의 제물이 역겨운 것이라면, 악한 의도로 바치는 것이야 더욱 그렇지 않겠는가?

28 위증을 하는 사람의 증언은 사라지지만, 사실대로 말하는 사람의 증언은 채택된다.

29 악한 사람은 얼굴이 뻔뻔스러우나, 정직한 사람은 자기의 행실을 잘 살핀다.

30 그 어떠한 지혜도, 명철도, 계략도, 주님을 대항하지 못한다.

31 전쟁을 대비하여 군마를 준비해도, 승리는 오직 주님께 달려 있다.

21 Whoever pursues righteousness and unfailing love will find life, righteousness, and honor.

22 The wise conquer the city of the strong and level the fortress in which they trust.

23 Watch your tongue and keep your mouth shut, and you will stay out of trouble.

24 Mockers are proud and haughty; they act with boundless arrogance.

25 Despite their desires, the lazy will come to ruin, for their hands refuse to work.

26 Some people are always greedy for more, but the godly love to give!

27 The sacrifice of an evil person is detestable, especially when it is offered with wrong motives.

28 A false witness will be cut off, but a credible witness will be allowed to speak.

29 The wicked bluff their way through, but the virtuous think before they act.

30 No human wisdom or understanding or plan can stand against the Lord.

31 The horse is prepared for the day of battle, but the victory belongs to the Lord.

•나의 레마 노트•

〈훈계의 가치…서른 가지 교훈〉

1 많은 재산보다는 명예를 택하는 것이 낫고, 은이나 금보다는 은총을 택하는 것이 낫다.

2 부유한 사람과 가난한 사람이 다 함께 얽혀서 살지만, 이들 모두를 지으신 분은 주님이 시다.

3 슬기로운 사람은 재앙을 보면 숨고 피하지만, 어수룩한 사람은 고집을 부리고 나아가다 가 화를 입는다.

4 겸손한 사람과 주님을 경외하는 사람이 받을 보상은 재산과 영예와 장수이다.

5 마음이 비뚤어진 사람의 길에는 가시와 올무가 있으나, 자기 영혼을 지키는 사람은 그 런 길을 멀리한다.

6 마땅히 걸어야 할 그 길을 아이에게 가르쳐라. 그러면 늙어서도 그 길을 떠나지 않는다.

7 가난하면 부자의 지배를 받고, 빚지면 빚쟁이의 종이 된다.

8 악을 뿌리는 사람은 재앙을 거두고, 분노하여 휘두르던 막대기는 기세가 꺾인다.

9 남을 잘 보살펴 주는 사람이 복을 받는 것은, 그가 자기의 먹거리를 가난한 사람에게 나누어 주기 때문이다.

1 Choose a good reputation over great riches; being held in high esteem is better than silver or gold.

2 The rich and poor have this in common: The Lord made them both.

3 A prudent person foresees danger and takes precautions. The simpleton goes blindly on and suffers the consequences.

4 True humility and fear of the Lord lead to riches, honor, and long life.

5 Corrupt people walk a thorny, treacherous road; whoever values life will avoid it.

6 Direct your children onto the right path, and when they are older, they will not leave it.

7 Just as the rich rule the poor, so the borrower is servant to the lender.

8 Those who plant injustice will harvest disaster, and their reign of terror will come to an end.

9 Blessed are those who are generous, because they feed the poor.

10 거만한 사람을 쫓아내면 다툼이 없어지고, 싸움과 욕설이 그친다.

11 깨끗한 마음을 간절히 바라며 덕을 끼치는 말을 하는 사람은, 왕의 친구가 된다.

12 주님의 눈은 지식 있는 사람을 지켜 보시지만, 신의가 없는 사람의 말은 뒤엎으신다.

13 게으른 사람은 핑계 대기를 "바깥에 사자가 있다. 거리에 나가면 찢겨 죽는다" 한다.

14 음행하는 여자의 입은 깊은 함정이니, 주님의 저주를 받는 사람이 거기에 빠진다.

15 아이의 마음에는 미련한 것이 얽혀 있으나, 훈계의 매가 그것을 멀리 쫓아낸다.

16 이익을 탐해서, 가난한 사람을 학대하는 사람과, 부자에게 자꾸 가져다 주는 사람은, 가난해질 뿐이다.

17 귀를 기울여서 지혜 있는 사람의 말을 듣고, 나의 가르침을 너의 마음에 새겨라.

18 그것을 깊이 간직하며, 그것을 모두 너의 입술로 말하면, 너에게 즐거움이 된다.

19 이는 네가 주님을 의뢰하며 살도록 하려고 오늘 내가 너에게 특별히 알려 주는 것이다.

20 내가 너에게, 건전한 충고가 담긴 서른 가지 교훈을 써 주지 않았느냐?

10 Throw out the mocker, and fighting goes, too. Quarrels and insults will disappear.

11 Whoever loves a pure heart and gracious speech will have the king as a friend.

12 The Lord preserves those with knowledge, but he ruins the plans of the treacherous.

13 The lazy person claims, "There's a lion out there! If I go outside, I might be killed!"

14 The mouth of an immoral woman is a dangerous trap; those who make the Lord angry will fall into it.

15 A youngster's heart is filled with foolishness, but physical discipline will drive it far away.

16 A person who gets ahead by oppressing the poor or by showering gifts on the rich will end in poverty.

17 Listen to the words of the wise; apply your heart to my instruction.

18 For it is good to keep these sayings in your heart and always ready on your lips.

19 I am teaching you today - yes, you - so you will trust in the Lord.

20 I have written thirty sayings for you, filled with advice and knowledge.

• 나의 레마 노트 •

21 이는 네가 진리의 말씀을 깨달아서, 너에게 묻는 사람에게 바른 대답을 할 수 있게 하려 함이다.

22 가난하다고 하여 그 가난한 사람에게서 함부로 빼앗지 말고, 고생하는 사람을 법정에서 압제하지 말아라.

23 주님께서 그들의 송사를 맡아 주시고, 그들을 노략하는 사람의 목숨을 빼앗으시기 때문이다.

24 성급한 사람과 사귀지 말고, 성을 잘 내는 사람과 함께 다니지 말아라.

25 네가 그 행위를 본받아서 그 올무에 걸려 들까 염려된다.

26 이웃의 손을 잡고 서약하거나, 남의 빚에 보증을 서지 말아라.

27 너에게 갚을 것이 아무것도 없다면, 네가 누운 침대까지도 빼앗기지 않겠느냐?

28 너의 선조들이 세워 놓은 그 옛 경계표를 옮기지 말아라.

29 자기 일에 능숙한 사람을 네가 보았을 것이다. 그런 사람은 왕을 섬길 것이요, 대수롭지 않은 사람을 섬기지는 않을 것이다.

21 In this way, you may know the truth and take an accurate report to those who sent you.

22 Don't rob the poor just because you can, or exploit the needy in court.

23 For the Lord is their defender. He will ruin anyone who ruins them.

24 Don't befriend angry people or associate with hot-tempered people,

25 or you will learn to be like them and endanger your soul.

26 Don't agree to guarantee another person's debt or put up security for someone else.

27 If you can't pay it, even your bed will be snatched from under you.

28 Don't cheat your neighbor by moving the ancient boundary markers set up by previous generations.

29 Do you see any truly competent workers? They will serve kings rather than working for ordinary people.

•나의 레마 노트•

1 네가 높은 사람과 함께 앉아 음식을 먹게 되거든, 너의 앞에 누가 앉았는지를 잘 살펴라.

2 식욕이 마구 동하거든, 목에 칼을 대고서라도 억제하여라.

3 그가 차린 맛난 음식에 욕심을 내지 말아라. 그것은 너를 꾀려는 음식이다.

4 부자가 되려고 애쓰지 말고, 그런 생각을 끊어 버릴 슬기를 가져라.

5 한순간에 없어질 재물을 주목하지 말아라. 재물은 날개를 달고, 독수리처럼 하늘로 날아가 버린다.

6 너는 인색한 사람의 상에서 먹지 말고, 그가 즐기는 맛난 음식을 탐내지 말아라.

7 무릇 그 마음의 생각이 어떠하면 그의 사람됨도 그러하니, 그가 말로는 '먹고 마셔라' 하여도, 그 속마음은 너를 떠나 있다.

8 네가 조금 먹은 것조차 토하겠고, 너의 아첨도 헛된 데로 돌아갈 것이다.

9 미련한 사람의 귀에는 아무 말도 하지 말아라. 그가 너의 슬기로운 말을 업신여길 것이기 때문이다.

10 옛날에 세워 놓은 밭 경계표를 옮기지 말며, 고아들의 밭을 침범하지 말아라.

11 그들의 구원자는 강한 분이시니, 그분이 그들의 송사를 맡으셔서 너를 벌하실 것이다.

1 While dining with a ruler, pay attention to what is put before you.

2 If you are a big eater, put a knife to your throat;

3 don't desire all the delicacies, for he might be trying to trick you.

4 Don't wear yourself out trying to get rich. Be wise enough to know when to quit.

5 In the blink of an eye wealth disappears, for it will sprout wings and fly away like an eagle.

6 Don't eat with people who are stingy; don't desire their delicacies.

7 They are always thinking about how much it costs. "Eat and drink," they say, but they don't mean it.

8 You will throw up what little you've eaten, and your compliments will be wasted.

9 Don't waste your breath on fools, for they will despise the wisest advice.

10 Don't cheat your neighbor by moving the ancient boundary markers; don't take the land of defenseless orphans.

11 For their Redeemer is strong; he himself will bring their charges against you.

12 훈계를 너의 마음에 간직하고, 지식이 담긴 말씀에 너의 귀를 기울여라.

13 아이 꾸짖는 것을 삼가지 말아라. 매질을 한다고 하여서 죽지는 않는다.

14 그에게 매질을 하는 것이, 오히려 그의 목숨을 스올에서 구하는 일이다.

15 내 아이들아, 너의 마음이 지혜로우면, 나의 마음도 또한 즐겁다.

16 네가 입을 열어 옳은말을 할 때면, 나의 속이 다 후련하다.

17 죄인들을 보고 마음 속으로 부러워하지 말고, 늘 주님을 경외하여라.

18 그러면, 너의 미래가 밝아지고, 너의 소망도 끊어지지 않는다.

19 내 아이들아, 너는 잘 듣고 지혜를 얻어서, 너의 마음을 바르게 이끌어라.

20 너는 술을 많이 마시는 사람이나 고기를 탐하는 사람과는 어울리지 말아라.

21 늘 술에 취해 있으면서 먹기만을 탐하는 사람은 재산을 탕진하게 되고, 늘 잠에 빠져 있는 사람은 누더기를 걸치게 된다.

22 너를 낳아 준 아버지에게 순종하고 늙은 어머니를 업신여기지 말아라.

23 진리를 사들이되 팔지는 말아라. 지혜와 훈계와 명철도 그렇게 하여라.

24 의인의 아버지는 크게 기뻐할 것이며, 지혜로운 자식을 둔 아버지는 크게 즐거워할 것이다.

12 Commit yourself to instruction; listen carefully to words of knowledge.

13 Don't fail to discipline your children. They won't die if you spank them.

14 Physical discipline may well save them from death.

15 My child, if your heart is wise, my own heart will rejoice!

16 Everything in me will celebrate when you speak what is right.

17 Don't envy sinners, but always continue to fear the Lord.

18 You will be rewarded for this; your hope will not be disappointed.

19 My child, listen and be wise: Keep your heart on the right course.

20 Do not carouse with drunkards or feast with gluttons,

21 for they are on their way to poverty, and too much sleep clothes them in rags.

22 Listen to your father, who gave you life, and don't despise your mother when she is old.

23 Get the truth and never sell it; also get wisdom, discipline, and good judgment.

24 The father of godly children has cause for joy. What a pleasure to have children who are wise.

•나의 레마 노트•

25 너의 어버이를 즐겁게 하여라. 특히 너를 낳은 어머니를 기쁘게 하여라.

26 내 아이들아! 나를 눈여겨 보고, 내가 걸어온 길을 기꺼이 따라라.

27 음란한 여자는 깊은 구렁이요, 부정한 여자는 좁은 함정이다.

28 강도처럼 남자를 노리고 있다가, 숱한 남자를 변절자로 만든다.

29 재난을 당할 사람이 누구며, 근심하게 될 사람이 누구냐? 다투게 될 사람이 누구며, 탄식할 사람이 누구냐? 까닭도 모를 상처를 입을 사람이 누구며, 눈이 충혈될 사람이 누구냐?

30 늦게까지 술자리에 남아 있는 사람들, 혼합주만 찾아 다니는 사람들이 아니냐!

31 잔에 따른 포도주가 아무리 붉고 고와도, 마실 때에 순하게 넘어가더라도, 너는 그것을 쳐다보지도 말아라.

32 그것이 마침내 뱀처럼 너를 물고, 독사처럼 너를 쏠 것이며,

33 눈에는 괴이한 것만 보일 것이며, 입에서는 허튼 소리만 나올 것이다.

34 바다 한가운데 누운 것 같고, 돛대 꼭대기에 누운 것 같을 것이다.

35 "사람들이 나를 때렸는데도 아프지 않고, 나를 쳤는데도 아무렇지 않다. 이 술이 언제 깨지? 술이 깨면, 또 한 잔 해야지" 하고 말할 것이다.

25 So give your father and mother joy! May she who gave you birth be happy.

26 O my son, give me your heart. May your eyes take delight in following my ways.

27 A prostitute is a dangerous trap; a promiscuous woman is as dangerous as falling into a narrow well.

28 She hides and waits like a robber, eager to make more men unfaithful.

29 Who has anguish? Who has sorrow? Who is always fighting? Who is always complaining? Who has unnecessary bruises? Who has bloodshot eyes?

30 It is the one who spends long hours in the taverns, trying out new drinks.

31 Don't gaze at the wine, seeing how red it is, how it sparkles in the cup, how smoothly it goes down.

32 For in the end it bites like a poisonous snake; it stings like a viper.

33 You will see hallucinations, and you will say crazy things.

34 You will stagger like a sailor tossed at sea, clinging to a swaying mast.

35 And you will say, "They hit me, but I didn't feel it. I didn't even know it when they beat me up. When will I wake up so I can look for another drink?"

1 너는 악한 사람을 부러워하지 말며, 그들과 어울리고 싶어하지도 말아라.

2 그들의 마음은 폭력을 꾀하고, 그들의 입술은 남을 해칠 말만 하기 때문이다.

3 집은 지혜로 지어지고, 명철로 튼튼해진다.

4 지식이 있어야, 방마다 온갖 귀하고 아름다운 보화가 가득 찬다.

5 지혜가 있는 사람은 힘이 센 사람보다 더 강하고, 지식이 있는 사람은 기운이 센 사람보다 더 강하다.

6 전략을 세운 다음에야 전쟁을 할 수 있고, 참모가 많아야 승리할 수 있다.

7 지혜는 너무 높이 있어서, 어리석은 사람이 거기에 미치지 못하니, 어리석은 사람은 사람이 모인 데서 입을 열지 못한다.

8 늘 악한 일만 꾀하는 사람은, 이간질꾼이라고 불린다.

9 어리석은 사람은 죄짓는 것만 계획한다. 오만한 사람은 누구에게나 미움을 받는다.

10 재난을 당할 때에 낙심하는 것은, 너의 힘이 약하다는 것을 드러내는 것이다.

1 Don't envy evil people or desire their company.

2 For their hearts plot violence, and their words always stir up trouble.

3 A house is built by wisdom and becomes strong through good sense.

4 Through knowledge its rooms are filled with all sorts of precious riches and valuables.

5 The wise are mightier than the strong, and those with knowledge grow stronger and stronger.

6 So don't go to war without wise guidance; victory depends on having many advisers.

7 Wisdom is too lofty for fools. Among leaders at the city gate, they have nothing to say.

8 A person who plans evil will get a reputation as a troublemaker.

9 The schemes of a fool are sinful; everyone detests a mocker.

10 If you fail under pressure, your strength is too small.

•나의 레마 노트•

11 너는 죽을 자리로 끌려가는 사람을 건져 주고, 살해될 사람을 돕는 데 인색하지 말아라.

12 너는 그것이 '내가 알 바 아니라'고 생각하며 살겠지만, 마음을 헤아리시는 주님께서 어찌 너의 마음을 모르시겠느냐? 너의 목숨을 지키시는 주님께서 다 알고 계시지 않겠느냐? 그분은 각 사람의 행실대로 갚으실 것이다.

13 내 아이들아, 꿀을 먹어라. 그것은 좋은 것이다. 송이꿀을 먹어라. 그것은 너의 입에 달콤할 것이다.

14 지혜도 너의 영혼에게는 그와 같다는 것을 알아라. 그것을 얻으면 너의 장래가 밝아지고, 너의 소망이 끊어지지 않는다.

15 악한 사람아, 의인의 집을 노리지 말고, 그가 쉬는 곳을 헐지 말아라.

16 의인은 일곱 번을 넘어지더라도 다시 일어나지만, 악인은 재앙을 만나면 망한다.

17 원수가 넘어질 때에 즐거워하지 말고, 그가 걸려서 쓰러질 때에 마음에 기뻐하지 말아라.

11 Rescue those who are unjustly sentenced to die; save them as they stagger to their death.

12 Don't excuse yourself by saying, "Look, we didn't know." For God understands all hearts, and he sees you. He who guards your soul knows you knew. He will repay all people as their actions deserve.

13 My child, eat honey, for it is good, and the honeycomb is sweet to the taste.

14 In the same way, wisdom is sweet to your soul. If you find it, you will have a bright future, and your hopes will not be cut short.

15 Don't wait in ambush at the home of the godly, and don't raid the house where the godly live.

16 The godly may trip seven times, but they will get up again. But one disaster is enough to overthrow the wicked.

17 Don't rejoice when your enemies fall; don't be happy when they stumble.

•나의 레마 노트•

18 주님께서 이것을 보시고 좋지 않게 여기셔서, 그 노여움을 너의 원수로부터 너에게로 돌이키실까 두렵다.

19 행악자 때문에 분개하지도 말고, 악인을 시기하지도 말아라.

20 행악자에게는 장래가 없고, 악인의 등불은 꺼지고 만다.

21 내 아이들아, 주님과 왕을 경외하고, 변절자들과 사귀지 말아라.

22 그들이 받을 재앙은 갑자기 일어나는 것이니, 주님이나 왕이 일으킬 재난을 누가 알겠느냐?

〈추가 교훈〉

23 몇 가지 교훈이 더 있다. 재판할 때에 얼굴을 보아 재판하는 것은 옳지 않다.

24 악인에게 '네가 옳다' 하는 자는 백성에게서 저주를 받고, 뭇 민족에게서 비난을 받을 것이다.

25 그러나 악인을 꾸짖는 사람은 기쁨을 얻을 것이며, 좋은 복도 받을 것이다.

26 바른말을 해주는 것이, 참된 우정이다.

18 For the Lord will be displeased with you and will turn his anger away from them.

19 Don't fret because of evildoers; don't envy the wicked.

20 For evil people have no future; the light of the wicked will be snuffed out.

21 My child, fear the Lord and the king. Don't associate with rebels,

22 for disaster will hit them suddenly. Who knows what punishment will come from the Lord and the king?

23 Here are some further sayings of the wise: It is wrong to show favoritism when passing judgment.

24 A judge who says to the wicked, "You are innocent," will be cursed by many people and denounced by the nations.

25 But it will go well for those who convict the guilty; rich blessings will be showered on them.

26 An honest answer is like a kiss of friendship.

•나의 레마 노트•

27 네 바깥 일을 다 해놓고 네 밭 일을 다 살핀 다음에, 네 가정을 세워라.

28 너는 이유도 없이 네 이웃을 치는 증언을 하지 말고, 네 입술로 속이는 일도 하지 말아라.

29 너는 "그가 나에게 한 그대로 나도 그에게 하여, 그가 나에게 한 만큼 갚아 주겠다" 하고 말하지 말아라.

30 게으른 사람의 밭과 지각이 없는 사람의 포도원을 내가 지나가면서 보았더니,

31 거기에는 가시덤불이 널려 있고, 엉겅퀴가 지면을 덮었으며, 돌담이 무너져 있었다.

32 나는 이것을 보고 마음 깊이 생각하고, 교훈을 얻었다.

33 "조금만 더 자야지, 조금만 더 눈을 붙여야지, 조금만 더 팔을 베고 누워 있어야지" 하면,

34 가난이 강도처럼 들이닥치고, 빈곤이 방패로 무장한 용사처럼 달려들 것이다.

27 Do your planning and prepare your fields before building your house.

28 Don't testify against your neighbors without cause; don't lie about them.

29 And don't say, "Now I can pay them back for what they've done to me! I'll get even with them!"

30 I walked by the field of a lazy person, the vineyard of one with no common sense.

31 I saw that it was overgrown with nettles. It was covered with weeds, and its walls were broken down.

32 Then, as I looked and thought about it, I learned this lesson:

33 A little extra sleep, a little more slumber, a little folding of the hands to rest -

34 then poverty will pounce on you like a bandit; scarcity will attack you like an armed robber.

•나의 레마 노트•

〈솔로몬의 잠언 추가〉

1 이것도 솔로몬의 잠언으로, 유다 왕 히스기야의 신하들이 편집한 것이다.

2 일을 숨기는 것은 하나님의 영광이요, 일을 밝히 드러내는 것은 왕의 영광이다.

3 하늘이 높고 땅이 깊은 것처럼, 왕의 마음도 헤아리기 어렵다.

4 은에서 찌꺼기를 없애라. 그래야 은장색의 손에서 그릇이 되어 나온다.

5 왕 앞에서는 악한 사람을 없애라. 그래야 왕위가 공의 위에 굳게 선다.

6 왕 앞에서 스스로 높은 체하지 말며, 높은 사람의 자리에 끼어들지 말아라.

7 너의 눈 앞에 있는 높은 관리들 앞에서 '저리로 내려가라'는 말을 듣는 것보다, '이리로 올라오라'는 말을 듣는 것이 더 낫기 때문이다.

8 너는 급하게 소송하지 말아라. 훗날에 너의 이웃이 너를 이겨 부끄럽게 만들 때에, 네가 어떻게 할지가 염려된다.

9 이웃과 다툴 일이 있으면 그와 직접 변론만 하고, 그의 비밀을 퍼뜨리지 말아라.

1 These are more proverbs of Solomon, collected by the advisers of King Hezekiah of Judah.

2 It is God's privilege to conceal things and the king's privilege to discover them.

3 No one can comprehend the height of heaven, the depth of the earth, or all that goes on in the king's mind!

4 Remove the impurities from silver, and the sterling will be ready for the silversmith.

5 Remove the wicked from the king's court, and his reign will be made secure by justice.

6 Don't demand an audience with the king or push for a place among the great.

7 It's better to wait for an invitation to the head table than to be sent away in public disgrace. Just because you've seen something,

8 don't be in a hurry to go to court. For what will you do in the end if your neighbor deals you a shameful defeat?

9 When arguing with your neighbor, don't betray another person's secret.

10 그 말을 듣는 사람이 오히려 너를 비난하면, 그 나쁜 소문이 너에게서 떠나지 않고 따라다닐까 두렵다.

11 경우에 알맞은 말은, 은쟁반에 담긴 금사과이다.

12 지혜로운 사람의 책망은, 들을 줄 아는 사람의 귀에는, 금귀고리요, 순금 목걸이이다.

13 믿음직한 심부름꾼은 그를 보낸 주인에게는 무더운 추수 때의 시원한 냉수와 같아서, 그 주인의 마음을 시원하게 해준다.

14 선물을 한다고 거짓말로 자랑을 퍼뜨리는 사람은 비를 내리지 못하는 구름과 바람 같다.

15 분노를 오래 참으면 지배자도 설득되고, 부드러운 혀는 뼈도 녹일 수 있다.

16 꿀을 발견하더라도 적당히 먹어라. 과식하면 토할지도 모른다.

17 이웃집이라 하여 너무 자주 드나들지 말아라. 그가 싫증이 나서 너를 미워하게 될지도 모른다.

18 거짓말로 이웃에게 불리한 증언을 하는 사람은, 망치요, 칼이요, 뾰족한 화살이다.

10 Others may accuse you of gossip, and you will never regain your good reputation.

11 Timely advice is lovely, like golden apples in a silver basket.

12 To one who listens, valid criticism is like a gold earring or other gold jewelry.

13 Trustworthy messengers refresh like snow in summer. They revive the spirit of their employer.

14 A person who promises a gift but doesn't give it is like clouds and wind that bring no rain.

15 Patience can persuade a prince, and soft speech can break bones.

16 Do you like honey? Don't eat too much, or it will make you sick!

17 Don't visit your neighbors too often, or you will wear out your welcome.

18 Telling lies about others is as harmful as hitting them with an ax, wounding them with a sword, or shooting them with a sharp arrow.

•나의 레마 노트•

19 환난을 당할 때에, 진실하지 못한 사람을 믿는 것은, 마치 썩은 이와 뼈가 부러진 다리를 의지하는 것과 같다.

20 마음이 상한 사람 앞에서 즐거운 노래를 부르는 것은, 추운 날에 옷을 벗기는 것과 같고, 상처에 초를 붓는 것과 같다.

21 네 원수가 배고파 하거든 먹을 것을 주고, 목말라 하거든 마실 물을 주어라.

22 이렇게 하는 것은, 그의 낯을 뜨겁게 하는 것이며, 주님께서 너에게 상으로 갚아 주실 것이다.

23 북풍이 비를 일으키듯, 헐뜯는 혀는 얼굴에 분노를 일으킨다.

24 다투기를 좋아하는 여자와 넓은 집에서 함께 사는 것보다, 차라리 다락 한 구석에서 혼자 사는 것이 더 낫다.

25 먼 데서 오는 기쁜 소식은 목이 타는 사람에게 주어지는 냉수와 같다.

26 의인이 악인 앞에 무릎을 꿇는 것은, 흐려진 샘물과 같고, 오염된 우물물과 같다.

27 꿀도 너무 많이 먹는 것은 좋지 않듯이, 영예를 지나치게 구하는 것은 좋지 않다.

28 자기의 기분을 자제하지 못하는 사람은, 성이 무너져 성벽이 없는 것과 같다.

19 Putting confidence in an unreliable person in times of trouble is like chewing with a broken tooth or walking on a lame foot.

20 Singing cheerful songs to a person with a heavy heart is like taking someone's coat in cold weather or pouring vinegar in a wound.

21 If your enemies are hungry, give them food to eat. If they are thirsty, give them water to drink.

22 You will heap burning coals of shame on their heads, and the Lord will reward you.

23 As surely as a north wind brings rain, so a gossiping tongue causes anger!

24 It's better to live alone in the corner of an attic than with a quarrelsome wife in a lovely home.

25 Good news from far away is like cold water to the thirsty.

26 If the godly give in to the wicked, it's like polluting a fountain or muddying a spring.

27 It's not good to eat too much honey, and it's not good to seek honors for yourself.

28 A person without self-control is like a city with broken-down walls.

•나의 레마 노트•

〈미련한 사람이 되지 말아라〉

1 미련한 사람에게는 영예가 어울리지 않는다. 이는 마치 여름에 눈이 내리는 것과 같고, 추수 때에 비가 오는 것과 같다.

2 까닭없는 저주는 아무에게도 미치지 않으니, 이는 마치 참새가 떠도는 것과 같고, 제비가 날아가는 것과 같다.

3 말에게는 채찍, 나귀에게는 재갈, 미련한 사람의 등에는 매가 필요하다.

4 미련한 사람이 어리석은 말을 할 때에는 대답하지 말아라. 너도 그와 같은 사람이 될까 두렵다.

5 미련한 사람이 어리석은 말을 할 때에는 같은 말로 대응하여 주어라. 그가 지혜로운 체할까 두렵다.

6 미련한 사람을 시켜서 소식을 보내는 것은, 제 발목을 자르거나 폭력을 불러들이는 것과 같다.

7 미련한 사람이 입에 담는 잠언은, 저는 사람의 다리처럼 힘이 없다.

8 미련한 사람에게 영예를 돌리는 것은, 무릿매에 돌을 올려놓는 것과 같다.

1 Honor is no more associated with fools than snow with summer or rain with harvest.
2 Like a fluttering sparrow or a darting swallow, an undeserved curse will not land on its intended victim.
3 Guide a horse with a whip, a donkey with a bridle, and a fool with a rod to his back!
4 Don't answer the foolish arguments of fools, or you will become as foolish as they are.
5 Be sure to answer the foolish arguments of fools, or they will become wise in their own estimation.
6 Trusting a fool to convey a message is like cutting off one's feet or drinking poison!
7 A proverb in the mouth of a fool is as useless as a paralyzed leg.
8 Honoring a fool is as foolish as tying a stone to a slingshot.

•나의 레마 노트•

9 미련한 사람이 입에 담는 잠언은, 술 취한 사람이 손에 쥐고 있는 가시나무와 같다.

10 미련한 사람이나 지나가는 사람을 고용하는 것은, 궁수가 닥치는 대로 사람을 쏘아대는 것과 같다.

11 개가 그 토한 것을 도로 먹듯이, 미련한 사람은 어리석은 일을 되풀이한다.

12 너는 스스로 지혜롭다 하는 사람을 보았을 것이나, 그런 사람보다는 오히려 미련한 사람에게 더 희망이 있다.

13 게으른 사람은 핑계 대기를 "길에 사자가 있다. 거리에 사자가 있다" 한다.

14 문짝이 돌쩌귀에 붙어서 돌아가듯이, 게으른 사람은 침대에만 붙어서 뒹군다.

15 게으른 사람은 밥그릇에 손을 대고서도, 입에 떠 넣기조차 귀찮아한다.

16 게으른 사람은 재치 있게 대답하는 사람 일곱보다 자기가 더 지혜롭다고 생각한다.

17 자기와 관계없는 싸움에 끼어드는 것은, 사람이 개의 귀를 붙잡는 것과 같다.

18 횃불을 던지고 화살을 쏘아서 사람을 죽이는 미친 사람이 있다.

19 이웃을 속이고서도 "농담도 못하냐?" 하고 말하는 사람도 그러하다.

9 A proverb in the mouth of a fool is like a thorny branch brandished by a drunk.

10 An employer who hires a fool or a bystander is like an archer who shoots at random.

11 As a dog returns to its vomit, so a fool repeats his foolishness.

12 There is more hope for fools than for people who think they are wise.

13 The lazy person claims, "There's a lion on the road! Yes, I'm sure there's a lion out there!"

14 As a door swings back and forth on its hinges, so the lazy person turns over in bed.

15 Lazy people take food in their hand but don't even lift it to their mouth.

16 Lazy people consider themselves smarter than seven wise counselors.

17 Interfering in someone else's argument is as foolish as yanking a dog's ears.

18 Just as damaging as a madman shooting a deadly weapon

19 is someone who lies to a friend and then says, "I was only joking."

•나의 레마 노트•

20 땔감이 다 떨어지면 불이 꺼지듯이, 남의 말을 잘하는 사람이 없어지면 다툼도 그친다.

21 숯불 위에 숯을 더하는 것과, 타는 불에 나무를 더하는 것과 같이, 다투기를 좋아하는 사람은 불난 데 부채질을 한다.

22 헐뜯기를 잘하는 사람의 말은 맛있는 음식과 같아서, 뱃속 깊은 데로 내려간다.

23 악한 마음을 품고서 말만 매끄럽게 하는 입술은, 질그릇에다가 은을 살짝 입힌 것과 같다.

24 남을 미워하는 사람은 입술로는 그렇지 않은 체하면서, 속으로는 흉계를 꾸민다.

25 비록 다정한 말을 한다 하여도 그를 믿지 말아라. 그의 마음 속에는 역겨운 것이 일곱 가지나 들어 있다.

26 미운 생각을 교활하게 감추고 있다 하여도, 그 악의는 회중 앞에서 드러나기 마련이다.

27 함정을 파는 사람은 자기가 그 속에 빠지고, 돌을 굴리는 사람은 자기가 그 밑에 깔린다.

28 거짓말을 하는 혀는 흠 없는 사람의 원수이며, 아첨하는 사람은 자기의 신세를 망친다.

20 Fire goes out without wood, and quarrels disappear when gossip stops.

21 A quarrelsome person starts fights as easily as hot embers light charcoal or fire lights wood.

22 Rumors are dainty morsels that sink deep into one's heart.

23 Smooth words may hide a wicked heart, just as a pretty glaze covers a clay pot.

24 People may cover their hatred with pleasant words, but they're deceiving you.

25 They pretend to be kind, but don't believe them. Their hearts are full of many evils.

26 While their hatred may be concealed by trickery, their wrongdoing will be exposed in public.

27 If you set a trap for others, you will get caught in it yourself. If you roll a boulder down on others, it will crush you instead.

28 A lying tongue hates its victims, and flattering words cause ruin.

•나의 레마 노트•

⟨내일 일을 자랑하지 말아라⟩

1 내일 일을 자랑하지 말아라. 하루 사이에 무슨 일이 생길지 알 수 없다.

2 네가 너를 칭찬하지 말고, 남이 너를 칭찬하게 하여라. 칭찬은 남이 하여 주는 것이지, 자기의 입으로 하는 것이 아니다.

3 돌도 무겁고 모래도 짐이 되지만, 어리석은 사람이 성가시게 구는 것은, 이 두 가지보다 더 무겁다.

4 분노는 잔인하고 진노는 범람하는 물과 같다고 하지만, 사람의 질투를 누가 당하여 낼 수 있으랴?

5 드러내 놓고 꾸짖는 것이, 숨은 사랑보다 낫다.

6 친구의 책망은 아파도 진심에서 나오지만, 원수의 입맞춤은 거짓에서 나온다.

7 배부른 사람은 꿀도 지겨워하지만, 배고픈 사람은 쓴 것도 달게 먹는다.

8 고향을 잃고 떠도는 사람은, 둥지를 잃고 떠도는 새와 같다.

9 향유와 향료가 마음을 즐겁게 하듯이, 친구의 다정한 충고가 그와 같다.

1 Don't brag about tomorrow, since you don't know what the day will bring.

2 Let someone else praise you, not your own mouth - a stranger, not your own lips.

3 A stone is heavy and sand is weighty, but the resentment caused by a fool is even heavier.

4 Anger is cruel, and wrath is like a flood, but jealousy is even more dangerous.

5 An open rebuke is better than hidden love!

6 Wounds from a sincere friend are better than many kisses from an enemy.

7 A person who is full refuses honey, but even bitter food tastes sweet to the hungry.

8 A person who strays from home is like a bird that strays from its nest.

9 The heartfelt counsel of a friend is as sweet as perfume and incense.

•나의 레마 노트•

10 너의 친구나 너의 아버지의 친구를 저버리지 말아라. 네가 어렵다고 친척의 집을 찾아 다니지 말아라. 가까운 이웃이 먼 친척보다 낫다.

11 내 아이들아, 지혜를 깨우치고, 나의 마음을 기쁘게 하여라. 그러면 나를 비방하는 사람에게, 내가 대답할 수 있겠다.

12 슬기로운 사람은 재앙을 보면 숨어 피하지만, 어수룩한 사람은 고집을 부리고 나아가다가 화를 입는다.

13 남의 보증을 선 사람은 자기의 옷을 잡혀야 하고, 모르는 사람의 보증을 선 사람은 자기의 몸을 잡혀야 한다.

14 이른 아침에 큰소리로 이웃에게 축복의 인사를 하면, 그것을 오히려 저주로 여길 것이다.

15 다투기를 좋아하는 여자는, 비 오는 날 지붕에서 끊임없이 비가 새는 것과 같다.

16 그런 여자를 다스리려는 것은, 바람을 다스리려는 것과 같고, 손으로 기름을 가득 움켜 잡으려는 것과 같다.

17 쇠붙이는 쇠붙이로 쳐야 날이 날카롭게 서듯이, 사람도 친구와 부대껴야 지혜가 예리해진다.

10 Never abandon a friend - either yours or your father's. When disaster strikes, you won't have to ask your brother for assistance. It's better to go to a neighbor than to a brother who lives far away.

11 Be wise, my child, and make my heart glad. Then I will be able to answer my critics.

12 A prudent person foresees danger and takes precautions. The simpleton goes blindly on and suffers the consequences.

13 Get security from someone who guarantees a stranger's debt. Get a deposit if he does it for foreigners.

14 A loud and cheerful greeting early in the morning will be taken as a curse!

15 A quarrelsome wife is as annoying as constant dripping on a rainy day.

16 Stopping her complaints is like trying to stop the wind or trying to hold something with greased hands.

17 As iron sharpens iron, so a friend sharpens a friend.

•나의 레마 노트•

18 무화과나무를 가꾸는 사람이 그 열매를 먹듯이, 윗사람의 시중을 드는 사람이 그 영화를 얻는다.

19 사람의 얼굴이 물에 비치듯이, 사람의 마음도 사람을 드러내 보인다.

20 스올과 멸망의 구덩이가 만족을 모르듯, 사람의 눈도 만족을 모른다.

21 도가니는 은을, 화덕은 금을 단련하듯이, 칭찬은 사람됨을 달아 볼 수 있다.

22 어리석은 사람은 곡식과 함께 절구에 넣어서 공이로 찧어도, 그 어리석음이 벗겨지지 않는다.

23 너의 양 떼의 형편을 잘 알아 두며, 너의 가축 떼에게 정성을 기울여라.

24 재물은 영원히 남아 있지 않으며, 왕관도 대대로 물려줄 수 없기 때문이다.

25 그러나 풀은 벤 뒤에도 새 풀이 돋아나니, 산에서 꼴을 거둘 수 있다.

26 어린 양의 털로는 너의 옷을 지어 입을 수 있고, 숫양으로는 밭을 사들일 수 있으며,

27 염소의 젖은 넉넉하여, 너와 너의 집 식구의 먹을 것뿐만 아니라, 너의 여종의 먹을 것까지 있을 것이다.

18 As workers who tend a fig tree are allowed to eat the fruit, so workers who protect their employer's interests will be rewarded.

19 As a face is reflected in water, so the heart reflects the real person.

20 Just as Death and Destruction are never satisfied, so human desire is never satisfied.

21 Fire tests the purity of silver and gold, but a person is tested by being praised.

22 You cannot separate fools from their foolishness, even though you grind them like grain with mortar and pestle.

23 Know the state of your flocks, and put your heart into caring for your herds,

24 for riches don't last forever, and the crown might not be passed to the next generation.

25 After the hay is harvested and the new crop appears and the mountain grasses are gathered in,

26 your sheep will provide wool for clothing, and your goats will provide the price of a field.

27 And you will have enough goats' milk for yourself, your family, and your servant girls.

•나의 레마 노트•

〈율법이 주는 유익〉

1 악인은 뒤쫓는 사람이 없어도 달아나지만, 의인은 사자처럼 담대하다.

2 나라에 반역이 일면, 통치자가 자주 바뀌지만, 슬기와 지식이 있는 사람이 다스리면, 그 나라가 오래간다.

3 가난한 사람을 억압하는 가난한 사람은 먹거리를 남김없이 쓸어 버리는 폭우와 같다.

4 율법을 버린 사람은 악인을 찬양하지만, 율법을 지키는 사람은 악인에게 대항한다.

5 악한 사람은 공의를 깨닫지 못하나, 주님을 찾는 사람은 모든 것을 깨닫는다.

6 부유하나 구부러진 길을 가는 사람보다는 가난해도 흠 없이 사는 사람이 낫다.

7 슬기로운 아들은 율법을 지키지만, 먹기를 탐하는 사람들과 어울리는 아들은 아버지에게 욕을 돌린다.

8 높은 이자로 재산을 늘리는 것은, 마침내, 가난한 사람들에게 은혜로 베풀어질 재산을 쌓아 두는 것이다.

9 귀를 돌리고 율법을 듣지 않으면, 그의 기도마저도 역겹게 된다.

1 The wicked run away when no one is chasing them, but the godly are as bold as lions.

2 When there is moral rot within a nation, its government topples easily. But wise and knowledgeable leaders bring stability.

3 A poor person who oppresses the poor is like a pounding rain that destroys the crops.

4 To reject the law is to praise the wicked; to obey the law is to fight them.

5 Evil people don't understand justice, but those who follow the Lord understand completely.

6 Better to be poor and honest than to be dishonest and rich.

7 Young people who obey the law are wise; those with wild friends bring shame to their parents.

8 Income from charging high interest rates will end up in the pocket of someone who is kind to the poor.

9 God detests the prayers of a person who ignores the law.

•나의 레마 노트•

10 정직한 사람을 나쁜 길로 유인하는 사람은 자기가 판 함정에 빠지지만, 흠 없이 사는 사람은 복을 받는다.

11 부자가 자기 보기에는 지혜롭지만, 가난하나 슬기로운 사람은 그 사람의 속을 꿰뚫어 본다.

12 정직한 사람이 이기면 많은 사람이 축하하지만, 악인이 일어나면 사람들이 숨는다.

13 자기의 죄를 숨기는 사람은 잘 되지 못하지만, 죄를 자백하고 그것을 끊어 버리는 사람은 불쌍히 여김을 받는다.

14 늘 두려워하는 마음으로 사는 사람은 복을 받지만, 마음이 완고한 사람은 재앙에 빠진다.

15 가난한 백성을 억누르는 악한 통치자는, 울부짖는 사자요, 굶주린 곰이다.

16 슬기가 모자라는 통치자는 억압만을 일삼지만, 부정한 이득을 미워하는 통치자는 오래도록 살 것이다.

17 사람을 죽인 사람은 함정으로 달려가는 것이니, 아무도 그를 막지 말아야 한다.

18 흠 없이 사는 사람은 구원을 받을 것이지만, 그릇된 길을 따라가는 사람은 언젠가는 한 번 넘어지고야 만다.

10 Those who lead good people along an evil path will fall into their own trap, but the honest will inherit good things.

11 Rich people may think they are wise, but a poor person with discernment can see right through them.

12 When the godly succeed, everyone is glad. When the wicked take charge, people go into hiding.

13 People who conceal their sins will not prosper, but if they confess and turn from them, they will receive mercy.

14 Blessed are those who fear to do wrong, but the stubborn are headed for serious trouble.

15 A wicked ruler is as dangerous to the poor as a roaring lion or an attacking bear.

16 A ruler with no understanding will oppress his people, but one who hates corruption will have a long life.

17 A murderer's tormented conscience will drive him into the grave. Don't protect him!

18 The blameless will be rescued from harm, but the crooked will be suddenly destroyed.

잠언 28:10-18

•나의 레마 노트•

19 밭을 가는 사람은 먹을 것이 넉넉하지만, 헛된 것을 꿈꾸는 사람은 찌들게 가난하다.

20 신실한 사람은 많은 복을 받지만, 속히 부자가 되려는 사람은 벌을 면하지 못한다.

21 사람의 얼굴을 보고 재판하는 것은 옳지 않다. 사람은 빵 한 조각 때문에 그런 죄를 지을 수도 있다.

22 죄악에 눈이 어두운 사람은 부자가 되는 데에만 바빠서, 언제 궁핍이 자기에게 들이닥칠지를 알지 못한다.

23 아첨하는 사람보다는 바르게 꾸짖는 사람이, 나중에 고맙다는 말을 듣는다.

24 자기 부모의 것을 빼앗고도 그것이 죄가 아니라고 하는 사람은 살인자와 한패이다.

25 욕심이 많은 사람은 다툼을 일으키지만, 주님을 의뢰하는 사람은 풍성함을 누린다.

26 자기의 생각만을 신뢰하는 사람은 미련한 사람이지만, 지혜롭게 사는 사람은 구원을 받는다.

27 가난한 사람을 도와주는 사람은 모자라는 것이 없지만, 그를 못 본 체하는 사람은 많은 저주를 받는다.

28 악인이 일어나면 사람들은 숨어 버리지만, 그가 망하면 의인이 많이 나타난다.

19 A hard worker has plenty of food, but a person who chases fantasies ends up in poverty.

20 The trustworthy person will get a rich reward, but a person who wants quick riches will get into trouble.

21 Showing partiality is never good, yet some will do wrong for a mere piece of bread.

22 Greedy people try to get rich quick but don't realize they're headed for poverty.

23 In the end, people appreciate honest criticism far more than flattery.

24 Anyone who steals from his father and mother and says, "What's wrong with that?" is no better than a murderer.

25 Greed causes fighting; trusting the Lord leads to prosperity.

26 Those who trust their own insight are foolish, but anyone who walks in wisdom is safe.

27 Whoever gives to the poor will lack nothing, but those who close their eyes to poverty will be cursed.

28 When the wicked take charge, people go into hiding. When the wicked meet disaster, the godly flourish.

•나의 레마 노트•

〈상식〉

1 책망을 자주 받으면서도 고집만 부리는 사람은, 갑자기 무너져서 회복하지 못한다.

2 의인이 많으면 백성이 기뻐하지만, 악인이 권세를 잡으면 백성이 탄식한다.

3 지혜를 사랑하는 아들은 아버지를 기쁘게 하지만, 창녀에게 드나드는 아들은 재산을 탕진한다.

4 공의로 다스리는 왕은 나라를 튼튼하게 하지만, 뇌물을 좋아하는 왕은 나라를 망하게 한다.

5 이웃에게 아첨하는 사람은 그의 발 앞에 그물을 치는 사람이다.

6 악인이 범죄하는 것은 그 자신에게 올무를 씌우는 것이지만, 의인은 노래하며 즐거워한다.

7 의인은 가난한 사람의 사정을 잘 알지만, 악인은 가난한 사람의 사정쯤은 못 본 체한다.

8 거만한 사람은 성읍을 시끄럽게 하지만, 지혜로운 사람은 분노를 가라앉힌다.

9 지혜로운 사람이 어리석은 사람을 걸어서 소송하면, 어리석은 사람이 폭언과 야유로 맞서므로, 지혜로운 사람은 안심할 수 없다.

1 Whoever stubbornly refuses to accept criticism will suddenly be destroyed beyond recovery.

2 When the godly are in authority, the people rejoice. But when the wicked are in power, they groan.

3 The man who loves wisdom brings joy to his father, but if he hangs around with prostitutes, his wealth is wasted.

4 A just king gives stability to his nation, but one who demands bribes destroys it.

5 To flatter friends is to lay a trap for their feet.

6 Evil people are trapped by sin, but the righteous escape, shouting for joy.

7 The godly care about the rights of the poor; the wicked don't care at all.

8 Mockers can get a whole town agitated, but the wise will calm anger.

9 If a wise person takes a fool to court, there will be ranting and ridicule but no satisfaction.

•나의 레마 노트•

10 남을 피 흘리게 하기를 좋아하는 사람은 흠 없는 사람을 미워하지만, 정직한 사람은 흠 없는 사람의 생명을 보살펴 준다.

11 미련한 사람은 화를 있는 대로 다 내지만, 지혜로운 사람은 화가 나도 참는다.

12 통치자가 거짓말에 귀를 기울이면, 그 신하들이 모두 악해진다.

13 가난한 사람과 착취하는 사람이 다 함께 살고 있으나, 주님은 이들 두 사람에게 똑같이 햇빛을 주신다.

14 왕이 가난한 사람을 정직하게 재판하면, 그의 왕위는 길이길이 견고할 것이다.

15 매와 꾸지람은 지혜를 얻게 만들어 주지만, 내버려 둔 자식은 그 어머니를 욕되게 한다.

16 악인이 많아지면 범죄가 늘어나지만, 의인은 그들이 망하는 것을 보게 된다.

17 너의 자식을 훈계하여라. 그러면 그가 너를 평안하게 하고, 너의 마음에 기쁨을 안겨 줄 것이다.

18 계시가 없으면 백성은 방자해지나, 율법을 지키는 사람은 복을 받는다.

19 말만으로는 종을 제대로 가르칠 수 없으니 다 알아들으면서도 따르지 않기 때문이다.

10 The bloodthirsty hate blameless people, but the upright seek to help them.

11 Fools vent their anger, but the wise quietly hold it back.

12 If a ruler pays attention to liars, all his advisers will be wicked.

13 The poor and the oppressor have this in common - the Lord gives sight to the eyes of both.

14 If a king judges the poor fairly, his throne will last forever.

15 To discipline a child produces wisdom, but a mother is disgraced by an undisciplined child.

16 When the wicked are in authority, sin flourishes, but the godly will live to see their downfall.

17 Discipline your children, and they will give you peace of mind and will make your heart glad.

18 When people do not accept divine guidance, they run wild. But whoever obeys the law is joyful.

19 Words alone will not discipline a servant; the words may be understood, but they are not heeded.

•나의 레마 노트•

20 너도 말이 앞서는 사람을 보았겠지만, 그런 사람보다는 오히려 미련한 사람에게 더 바랄 것이 있다.

21 어릴 때부터 종의 응석을 받아 주면, 나중에는 다루기 어렵게 된다.

22 화를 잘 내는 사람은 다툼을 일으키고, 성내기를 잘하는 사람은 죄를 많이 짓는다.

23 사람이 오만하면 낮아질 것이고, 마음이 겸손하면 영예를 얻을 것이다.

24 도둑과 짝하는 사람은 자기의 목숨을 하찮게 여기는 사람이다. 그러므로 자기를 저주하는 소리를 들어도 아무런 반박을 하지 못한다.

25 사람을 두려워하면 올무에 걸리지만, 주님을 의지하면 안전하다.

26 많은 사람이 통치자의 환심을 사려고 하지만, 사람의 일을 판결하시는 분은 주님이시다.

27 의인은 불의한 사람을 싫어하고, 악인은 정직한 사람을 싫어한다.

20 There is more hope for a fool than for someone who speaks without thinking.

21 A servant pampered from childhood will become a rebel.

22 An angry person starts fights; a hot-tempered person commits all kinds of sin.

23 Pride ends in humiliation, while humility brings honor.

24 If you assist a thief, you only hurt yourself. You are sworn to tell the truth, but you dare not testify.

25 Fearing people is a dangerous trap, but trusting the Lord means safety.

26 Many seek the ruler's favor, but justice comes from the Lord.

27 The righteous despise the unjust; the wicked despise the godly.

•나의 레마 노트•

〈아굴의 잠언〉

1 이것은 야게의 아들 아굴이 말한 잠언이다. 이 사람이 이디엘에게 말하고, 또 이디엘과 우갈에게 말하였다.

2 참으로 나는, 사람이라기보다는 우둔한 짐승이며, 나에게는 사람의 총명이 없다.

3 나는 지혜를 배우지도 못하였고, 지극히 거룩하신 분을 아는 지식도 깨우치지 못하였다.

4 하늘에 올라갔다가 내려온 사람이 누구며, 바람을 자기 손에 움켜 쥐고 있는 사람이 누구냐? 물을 그 옷자락으로 싸고 있는 사람이 누구며 땅의 모든 경계선을 그은 사람이 누구인가? 그 사람의 이름은 무엇인지, 그의 아들의 이름은 무엇인지, 정말 네가 아느냐?

5 하나님의 말씀은 모두 순결하며, 그분은 그를 의지하는 사람의 방패가 되신다.

6 그 말씀에 아무것도 더하지 말아라. 그렇지 않으면 그분이 너를 책망하시고, 너는 거짓 말을 하는 사람이 될 것이다.

〈헌신의 잠언〉

7 주님께 두 가지 간청을 드리니, 제가 죽기 전에 그것을 이루어 주십시오.

1 The sayings of Agur son of Jakeh contain this message. I am weary, O God; I am weary and worn out, O God.

2 I am too stupid to be human, and I lack common sense.

3 I have not mastered human wisdom, nor do I know the Holy One.

4 Who but God goes up to heaven and comes back down? Who holds the wind in his fists? Who wraps up the oceans in his cloak? Who has created the whole wide world? What is his name - and his son's name? Tell me if you know!

5 Every word of God proves true. He is a shield to all who come to him for protection.

6 Do not add to his words, or he may rebuke you and expose you as a liar.

7 O God, I beg two favors from you; let me have them before I die.

•나의 레마 노트•

8 허위와 거짓말을 저에게서 멀리하여 주시고, 저를 가난하게도 부유하게도 하지 마시고, 오직 저에게 필요한 양식만을 주십시오.

9 제가 배가 불러서, 주님을 부인하면서 '주가 누구냐'고 말하지 않게 하시고, 제가 가난해서, 도둑질을 하거나 하나님의 이름을 욕되게 하거나, 하지 않도록 하여 주십시오.

10 주인에게 그 종을 비방하는 말을 하지 말아라. 그 종이 너를 저주하고 너에게 죄가 돌아갈까 두렵다.

11 아버지를 저주하며 어머니를 축복하지 않는 무리가 있다.

12 더러운 것을 씻지도 않고 깨끗한 체하는 무리가 있다.

13 눈이 심히 높아서, 눈꺼풀을 치켜 올리고 남을 깔보는 무리가 있다.

14 이빨이 긴 칼과 같고 턱이 큰 칼과 같아서, 가난한 사람을 하나도 땅에 남기지 않고 삼키며 궁핍한 사람을 삼켜 씨를 말리는 무리도 있다.

15 거머리에게는 '달라, 달라' 하며 보채는 딸이 둘이 있다. 전혀 배부른 줄 모르는 것이 셋, 만족할 줄 모르는 것 넷이 있으니,

8 First, help me never to tell a lie. Second, give me neither poverty nor riches! Give me just enough to satisfy my needs.

9 For if I grow rich, I may deny you and say, "Who is the Lord?" And if I am too poor, I may steal and thus insult God's holy name.

10 Never slander a worker to the employer, or the person will curse you, and you will pay for it.

11 Some people curse their father and do not thank their mother.

12 They are pure in their own eyes, but they are filthy and unwashed.

13 They look proudly around, casting disdainful glances.

14 They have teeth like swords and fangs like knives. They devour the poor from the earth and the needy from among humanity.

15 The leech has two suckers that cry out, "More, more!" There are three things that are never satisfied - no, four that never say, "Enough!":

•나의 레마 노트•

16 곧 스올과 아기 못 낳는 태와 물로 갈증을 없앨 수 없는 땅과 만족하다고 말할 줄 모르는 불이다.

17 아버지를 조롱하며 어머니를 멸시하여, 순종하지 않는 사람의 눈은, 골짜기의 까마귀에게 쪼이고 새끼 독수리에게 먹힐 것이다.

18 기이한 일이 셋, 내가 정말 이해할 수 없는 일이 넷이 있으니,

19 곧 독수리가 하늘을 날아간 자취와, 뱀이 바위 위로 지나간 자취와, 바다 위로 배가 지나간 자취와, 남자가 여자와 함께 하였던 자취이다.

20 간음한 여자의 자취도 그러하니, 먹고도 안 먹었다고 입을 씻듯이 "나는 아무런 악행도 한 일이 없다" 한다.

21 세상을 뒤흔들 만한 일이 셋, 세상이 감당하지 못할 일이 넷이 있으니,

22 곧 종이 임금이 되는 것과, 어리석은 자가 배불리 먹는 것과,

23 꺼림을 받는 여자가 시집을 가는 것과, 여종이 그 안주인의 자리를 이어받는 것이다.

16 the grave, the barren womb, the thirsty desert, the blazing fire.

17 The eye that mocks a father and despises a mother's instructions will be plucked out by ravens of the valley and eaten by vultures.

18 There are three things that amaze me - no, four things that I don't understand:

19 how an eagle glides through the sky, how a snake slithers on a rock, how a ship navigates the ocean, how a man loves a woman.

20 An adulterous woman consumes a man, then wipes her mouth and says, "What's wrong with that?"

21 There are three things that make the earth tremble - no, four it cannot endure:

22 a slave who becomes a king, an overbearing fool who prospers,

23 a bitter woman who finally gets a husband, a servant girl who supplants her mistress.

•나의 레마 노트•

24 땅에서 아주 작으면서도 가장 지혜로운 것이 넷이 있으니,

25 곧 힘이 없는 종류이지만 먹을 것을 여름에 예비하는 개미와,

26 약한 종류이지만 바위 틈에 자기 집을 짓는 오소리와,

27 임금은 없으나 떼를 지어 함께 나아가는 메뚜기와,

28 사람의 손에 잡힐 것 같은데도 왕궁을 드나드는 도마뱀이다.

29 늠름하게 걸어 다니는 것이 셋, 위풍당당하게 걸어 다니는 것 넷이 있으니,

30 곧 짐승 가운데서 가장 강하여, 아무 짐승 앞에서도 물러서지 않는 사자와,

31 자랑스럽게 걷는 사냥개와, 숫염소와, 아무도 맞설 수 없는 임금이다.

32 네가 어리석어서 우쭐댔거나 악한 일을 도모하였거든, 너의 손으로 입을 막고 반성하여 보아라.

33 우유를 저으면 굳은 우유가 되고, 코를 비틀면 피가 나오듯, 화를 돋우면 분쟁이 일어난다.

24 There are four things on earth that are small but unusually wise:

25 Ants - they aren't strong, but they store up food all summer.

26 Hyraxes - they aren't powerful, but they make their homes among the rocks.

27 Locusts - they have no king, but they march in formation.

28 Lizards - they are easy to catch, but they are found even in kings' palaces.

29 There are three things that walk with stately stride - no, four that strut about:

30 the lion, king of animals, who won't turn aside for anything,

31 the strutting rooster, the male goat, a king as he leads his army.

32 If you have been a fool by being proud or plotting evil, cover your mouth in shame.

33 As the beating of cream yields butter and striking the nose causes bleeding, so stirring up anger causes quarrels.

〈왕에게 주는 충고〉

1 르무엘 왕의 잠언, 곧 그의 어머니가 그에게 교훈한 말씀이다.

2 내 아들아, 내가 무엇을 말할까? 내 태에서 나온 아들아, 내가 무엇을 말할까? 서원을 하고 얻은 아들아, 내가 무엇을 말할까?

3 여자에게 너의 힘을 쓰지 말아라. 여자는 임금도 망하게 할 수 있으니, 여자에게 너의 길을 맡기지 말아라.

4 르무엘아, 임금에게 적합하지 않은 일이 있다. 포도주를 마시는 것은 임금에게 적합한 일이 아니다. 독주를 좋아하는 것은 통치자들에게 적합한 일이 아니다.

5 술을 마시면 법을 잊어버리고, 억눌린 사람들에게 판결을 불리하게 내릴까 두렵다.

6 독한 술은 죽을 사람에게 주고, 포도주는 마음이 아픈 사람에게 주어라.

7 그가 그것을 마시고 자기의 가난을 잊을 것이고, 자기의 고통을 더 이상 기억하지 않을 것이다.

1 The sayings of King Lemuel contain this message, which his mother taught him.

2 O my son, O son of my womb, O son of my vows,

3 do not waste your strength on women, on those who ruin kings.

4 It is not for kings, O Lemuel, to guzzle wine. Rulers should not crave alcohol.

5 For if they drink, they may forget the law and not give justice to the oppressed.

6 Alcohol is for the dying, and wine for those in bitter distress.

7 Let them drink to forget their poverty and remember their troubles no more.

잠언 31:1-7

•나의 레마 노트•

8 너는 벙어리처럼 할 말을 못하는 사람과 더불어, 고통 속에 있는 사람들의 송사를 변호
   하여 입을 열어라.

9 너는 공의로운 재판을 하고, 입을 열어, 억눌린 사람과 궁핍한 사람들의 판결을 바로 하
   여라.

〈유능한 아내〉

10 누가 유능한 아내를 맞겠느냐? 그 값은 진주보다 더 뛰어나다.

11 남편은 진심으로 아내를 믿으며 가난을 모르고 산다.

12 그의 아내는 살아 있는 동안, 오직 선행으로 남편을 도우며, 해를 입히는 일이 없다.

13 양털과 삼을 구해다가, 부지런히 손을 놀려 일하기를 즐거워한다.

14 또한 상인의 배와 같이, 먼 곳에서 먹거리를 구하여 오기도 한다.

15 날이 밝기도 전에 일어나서 식구들에게는 음식을 만들어 주고, 여종들에게는 일을 정
   하여 맡긴다.

8 Speak up for those who cannot speak for themselves; ensure justice for those being
   crushed.

9 Yes, speak up for the poor and helpless, and see that they get justice.

10 Who can find a virtuous and capable wife? She is more precious than rubies.

11 Her husband can trust her, and she will greatly enrich his life.

12 She brings him good, not harm, all the days of her life.

13 She finds wool and flax and busily spins it.

14 She is like a merchant's ship, bringing her food from afar.

15 She gets up before dawn to prepare breakfast for her household and plan the day's
   work for her servant girls.

•나의 레마 노트•

16 밭을 살 때에는 잘 살펴본 다음에 사들이고, 또 자기가 직접 번 돈으로 포도원도 사서 가꾼다.

17 허리를 단단히 동여매고, 억센 팔로 일을 한다.

18 사업이 잘 되어가는 것을 알고, 밤에도 등불을 끄지 않는다.

19 한 손으로는 물레질을 하고, 다른 손으로는 실을 탄다.

20 한 손은 펴서 가난한 사람을 돕고, 다른 손은 펴서 궁핍한 사람을 돕는다.

21 온 식구를 홍색 옷으로 따스하게 입히니, 눈이 와도 식구들 때문에 걱정하는 일이 없다.

22 손수 자기의 이부자리를 만들고, 고운 모시 옷과 자주색 옷을 지어 입는다.

23 남편은 마을 원로들과 함께 마을회관을 드나들며, 사람들의 존경을 받는다.

24 그의 아내는 모시로 옷을 지어 팔고, 띠를 만들어 상인에게 넘긴다.

25 자신감과 위엄이 몸에 배어 있고, 미래에 대한 두려움이 없다.

16 She goes to inspect a field and buys it; with her earnings she plants a vineyard.

17 She is energetic and strong, a hard worker.

18 She makes sure her dealings are profitable; her lamp burns late into the night.

19 Her hands are busy spinning thread, her fingers twisting fiber.

20 She extends a helping hand to the poor and opens her arms to the needy.

21 She has no fear of winter for her household, for everyone has warm clothes.

22 She makes her own bedspreads. She dresses in fine linen and purple gowns.

23 Her husband is well known at the city gates, where he sits with the other civic leaders.

24 She makes belted linen garments and sashes to sell to the merchants.

25 She is clothed with strength and dignity, and she laughs without fear of the future.

•나의 레마 노트•

26 입만 열면 지혜가 저절로 나오고, 혀만 움직이면 상냥한 교훈이 쏟아져 나온다.

27 집안 일을 두루 살펴보고, 일하지 않고 얻은 양식은 먹는 법이 없다.

28 자식들도 모두 일어나서, 어머니 업적을 찬양하고 남편도 아내를 칭찬하여 이르기를

29 "덕을 끼치는 여자들은 많이 있으나, 당신이 모든 여자 가운데 으뜸이오" 한다.

30 고운 것도 거짓되고, 아름다운 것도 헛되지만, 주님을 경외하는 여자는 칭찬을 받는다.

31 아내가 손수 거둔 결실은 아내에게 돌려라. 아내가 이룬 공로가 성문 어귀 광장에서 인정받게 하여라.

26 When she speaks, her words are wise, and she gives instructions with kindness.

27 She carefully watches everything in her household and suffers nothing from laziness.

28 Her children stand and bless her. Her husband praises her:

29 "There are many virtuous and capable women in the world, but you surpass them all!"

30 Charm is deceptive, and beauty does not last; but a woman who fears the Lord will be greatly praised.

31 Reward her for all she has done. Let her deeds publicly declare her praise.

•나의 레마 노트•

읽고 쓰고 마음에 새기는 필사 노트
잠언

초판1쇄 발행일 2020년 11월 30일

엮은이 편집부
발행인 이용훈

발행처 북스원
출판등록 제 2015-000033호
주소 서울시 송파구 오금로44나길 5, 401호
전화 010-3244-4066
이메일 wisebook@naver.com
공급처 (주)비전북 031-907-3927

ISBN 979-11-955207-5-6 03230

책값은 뒤표지에 있습니다.
잘못된 책은 구입하신 곳에서 교환하여 드립니다.